Philosophy of Money

やまもとりゅうけん

金持ちフリーランス
貧乏サラリーマン

KADOKAWA

――サラリーマンは、安定を求めて「ジリ貧」に陥る
フリーランスは、安定を得ながら「お金持ち」になる――

はじめに
「お金持ちに搾取され続ける人生」から抜け出そう

私たちは今、資本主義の世界に生きています。

資本主義とは、ありていにいえば「お金がすべて」の世界です。

フランスの経済学者であるトマ・ピケティは、2013年に上梓した著書『21世紀の資本』で、「資本主義のもとでは過去200年間、格差が拡大し続けており、今後もその格差は拡大し続ける」という予想を記しています。つまり資本主義の世界では、お金持ちはどんどんお金持ちになり、貧乏人はどんどん貧乏になる。これが自然な流れだというのです。

ならば、資本主義の世界で悠々と生き続ける方法は、ひとつしかありません。

お金持ちになることです。

そして本書は、「お金持ち」になるための考え方と方法論を身につける一冊となっています。

「お金がすべてじゃない！」。その考え方が搾取を食らう

「いや、お金がすべてじゃない！　そんなものは拝金主義のたわごとだ！」


そう考える人もいるかもしれません。

しかしその考え方こそが、頑張れば頑張るほど貧乏になる貧乏人への第一歩です。「やりがい搾取」という言葉はご存じでしょう。大きな資本を持ち、会社を経営するお金持ちは、従業員の「お金がすべてじゃない！」と信じたい気持ちを利用し、安い給与で目一杯働かせ、多くの利益を得ます。

この一面だけを見ても「お金持ちはどんどんお金持ちになり、貧乏人はどんどん貧乏になる」理由がわかります。お金持ちは少ないコスト（＝従業員の給与）で大きな利益を得、貧乏人は働きに見合う正当な対価（＝給与）を得ないのですから、格差は広がって当然です。

20代後半になり、仕事にも慣れてきたころ、「仕事にやりがいを感じてはいるんだけど、なんか違うんだよな……」と悩み出すのは、「やりがい」という概念にごまかされ、働きに見合う対価を得ていないからなのです。

資本主義において、「お金がすべてじゃない」と考えるのは、無理があります。資本主義はそもそも、「お金がすべて」の世界を指す言葉だからです。

サラリーマンはなぜ「貧乏」なのか

本書のタイトルは『金持ちフリーランス　貧乏サラリーマン』です。「貧乏サラリーマン」とはどういうことか。それは、**日本人の一般的な働き方である「サラリーマン」「会社員」こそが、最も「貧乏人」に成り下がりやすい働き方だということです。**

私は常に、「サラリーマンは最も稼げない業務形態だ」と述べています。

サラリーマンは労働基準法によって雇用が保障されています。サラリーマン側は、採用面接で嘘八百を並べても一度入社してしまえば安泰。会社としては、たとえその社員がどんなに「使えない社員」だったとしても、簡単にはクビにできません。

採用に関して会社は大きなリスクを背負うわけですが、そこはさすが、お金持ちが作り上げた「会社」というシステム。リスクを丸々自分で背負い込むようなことはしません。「使えない社員を雇い続ける金銭的リスク」は、「従業員の平均的な給与水準を下げる」ことでしっかりヘッジしています。

つまり「使えない社員」を雇い続けることによるあおりを食っているのは、あなたのような、「やりがいを持ちながら仕事に励んでいるサラリーマン」ということになります。

サラリーマンが稼げないのは、「使えない社員」の給与を「使える社員」が賄っているからなのです。

私自身、大学卒業後、サラリーマンとしてとある会社に入社しました。職種はエンジニア。月収は手取りで17万4000円でした。

やりたい仕事でしたし、やりがいを持って働いていましたが、安すぎる給与にさすがに先が見えなくなって独立。フリーランスエンジニアとして働くことになります。

するとと収入は、一気に3倍になりました。

「フリーランスエンジニア」といっても、現場に常駐する仕事で、働き方自体はサラリーマン時代とそう変わりません。しかし「会社」というシステムから離れ、「フリーランス」になっただけで、収入だけが3倍になったのです。**これが正当な対価だとすれば、サラリーマン時代は、本来得るべき収入の3分の2を搾取されていたことになります。**


「会社」というシステムは、非常によくできています。「労働基準法を遵守しながら利益を上げ続けるためには、これしかない」というシステムです。

しかしそのシステムは「会社全体の最適化」という意味ではよくできていますが、「個人の働き方」や「個人の人生」には最適ではありません。

サラリーマンは、これをよく心得ておく必要があります。

会社は、あなたの「働き方」や「人生」など考えてくれません。あなたの「働き方」や「人生」を考え、決めるのは、あなた自身しかいないのです。

貧乏からお金持ちへ大逆転できる

本書は、「お金持ちはどんどんお金持ちになり、貧乏人はどんどん貧乏になる」資本主義の世界で、「貧乏人」から「お金持ち」への大逆転を画策する一冊です。

本文の中でも話しますが、私はかつて、借金を400万円近くも背負った大貧乏人でした。加えて月の手取りは、前述の通り17万4000円。貧乏人の中でも、なかなかにグレードの高い貧乏人だったといえます。

しかしそんな私も、今は年間数億円の利益を稼ぎ続けることができています。自分でいうのもなんですが「お金持ち」といっていい収入を得ているといえるでしょう。

人生逆転のカギは「知識投資」にあります。

お金持ちは、「確実に儲かる投資商品」にドカッと投資をして、確実に儲け続け、お金持ちであり続けます。

貧乏人は、ただ毎日の生活を普通に送っているだけでは、貧乏人であり続けるばかりか、その貧乏度は日に日に増していきます。しかしお金持ちのように、「確実に儲かる投資商品」にドカッと投資するほどの種銭もありません。

ならば、かつての私のように、「自分の頭」に投資をするのです。

本書には、「お金に対して持つべき意識」「お金の貯め方」「お金の稼ぎ方」「お金の使い方」「お金の増やし方」といった、「お金持ちになるためのエッセンス」をフルに詰め込みました。

何も「会社を辞めてフリーランスになれ」と強要しているわけではありません。

あなたには、本書に記した「お金持ちになるためのエッセンス」を知っていただき、かつての私のように「お金持ちから搾取され続ける人生」から脱却してほしいのです。

お金持ちが定めた「枠」を見つめ直し、勇気を出してその「枠」から一歩を踏み出してみましょう。

本書があなたの人生を変え、「お金持ち」に転じる一助となるのであれば、著者としてこれに勝る喜びはありません。

2020年12月

やまもとりゅうけん

金持ち
エッセンス
搾取

金持ちフリーランス 貧乏サラリーマン ■ もくじ

第2章

誰も言わない「お金持ち」の仕組み

第3章

「貯金」ではなく「蓄財」に力を注ぐ

第4章 「少労所得」を無限に増やす

編集協力／前田浩弥
ブックデザイン／萩原弦一郎（256）
装丁イラスト／二村大輔
本文イラスト／Koriko
校正／あかえんぴつ
DTP／エヴリ・シンク
編集／尾小山友香

第1章

サラリーマンは「最も理不尽な業務形態」である

「仕事のできる中堅サラリーマン」こそが最も損をしている

「サラリーマンのメリット」とは何か

私は、サラリーマンという働き方について**「期待値の低い過当競争」**だと考えています。

強いライバルがたくさんいて、順調にキャリアを積んで経営を担えるまで出世するのが難しい上に、その難しさに見合うリターンを得られないからです。

誤解のないようにお伝えしておきますが、私は決して「サラリーマンなんて働き方はクソだ。今すぐ会社を辞めろ」と言いたいわけではありません。私自身もかつてサラリーマンとして働いていた経験がありますから、サラリーマンはサラリーマンで、多くのメリットを享受できることも心得ています。

何といっても、**「会社の看板をフルに使える」**のは大きい。日本人にはまだまだサラリーマン信仰が根強く残っていますから、「会社に勤めている」というだけである程度の信頼を得ることができます。加えて、出世して決裁権を持ち、会社のお金と人材を動かせるだけの力を持てば、その力を頼りたい人が集まり、人脈が無限に広がっていきます。その人脈は、サラリーマンとしてさらに大きな仕事をし、さらに出世してお金を稼ぐにしても、独立して新たなビジネスを始めるにしても、大きな味方となってくれるでしょう。

また、「はじめに」でも述べたように、**日本のサラリーマンは労働基準法でガチガチに守られていますから、犯罪でも起こさない限り、どんなに仕事ができなくてもクビにはなりません。**つまり、会社で頑張る気のない、言われたことを言われた分だけやり、「あいつは仕事ができない」と陰口を叩《たた》かれてもまったく気にしない、会社にぶら下がる気満々の人にとっては、サラリーマンという働き方はパラダイスなわけです。

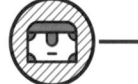

「メリット」を享受できるのはごく一部の人間のみ

ただ、これらのメリットをフルに享受できるのは、決裁権を持っていて会社のお金や人材を動かせるような「超上位層のサラリーマン」か、ただ会社にぶら下がるだけで仕事を頑張る気のない「超下位層のサラリーマン」のどちらかです。世の中の大多数である「仕事のできる中堅サラリーマン」は、「サラリーマンであること」による大きなメリットを得ることなく、「超下位層のサラリーマン」の働きの悪さをカバーしながら、抑えられた給与で働き続けているのです。

世の中の大多数のサラリーマンは、さまざまな理不尽を呑み込んで「サラリーマン」として頑張っているのに、「サラリーマン」であることのメリットを十分に享受できていない。悲しいことですが、事実です。

あなたは今、この本を読んでいるわけですから、人並み以上の向上心を持っています。「超下位層のサラリーマン」ということはないでしょう。きっと「仕事のできる中堅サラリーマン」なのだろうと想像します。

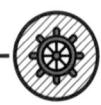

超上位層
中堅
超下位層

ならば「サラリーマンのメリット」を享受するには「超上位層のサラリーマン」を目指すしかないのですが、これがなかなかに厳しい道程です。

私が新卒で就職した会社は、社員が2000人いました。その中で、決裁権を持ち、会社のお金や人材を動かせるサラリーマンはごく一部です。

なにせ単純に、ライバルの数が多い。勝ち上がって出世するのは至難の業です。

その上、仮に同期との競争に勝ったところで、先輩たちも多くいますから「上が詰まっていてポストが空かない」なんてことも起こりえます。

激しい競争に勝っても、「サラリーマンのメリット」を得られるとは限らない。まさに「期待値の低い過当競争」でしょう。

「サラリーマンは安定している」は勘違い

「サラリーマンは安定している。それだけでも大きなメリットだ」

そう考える人もいるかもしれません。

しかし本当に、サラリーマンは安定しているのでしょうか。

サラリーマンの平均給与は、1998年度は465万円だったのですが、2008年度には430万円にまで下降。2018年度は441万円にまで回復したとはいえ、20年前から比べれば「緩やかに下がっている」と言わざるを得ません。

「安定している」と言えば確かに「安定している」のですが、平均給与の実態は「安定しつつ、緩やかに下がっている」のです。給与水準に関していえば、サラリーマンでいる限りは、緩やかな下りのエスカレーターに乗り続けているようなものです。主要先進国の中でこのように平均給与が上昇していないのは日本だけです。

給与だけではありません。**家賃補助や家族手当といった「サラリーマン特有」の福利厚生も、どんどんカットされ続けています。**これから劇的に復活することはそうそうないでしょう。

極めつけは、2020年に起こったコロナショックです。

コロナショックは飲食業界や旅行業界を中心に、日本全国の企業に大打撃を与えました。

とくに旅行業界では、「給与が手取り10万円にまで落ち込んだ」なんていう事例はザラです。いかに「日本のサラリーマンは労働基準法で守られている」とはいえ、会社がつぶれるか否かの瀬戸際に立たされるような、想像を絶する緊急事態が起こった場合、サラリーマンはやはり、大きなあおりを食うのです。

この働き方のどこが「安定している」のでしょうか。

働きに見合わない、不当に安い給与で働かされ、やる気のない「超下位層のサラリーマン」の面倒を見つつマイナスを補って頑張ってきたのに、緊急事態に直面したら給与をあっさり下げられる。あまりにも理不尽すぎではないでしょうか。

今こそ、何の疑問もなく選んできた「サラリーマン」という働き方を見つめ直し、お金についてシビアに考え、「新たな働き方」を考えるときにきているのです。

かつて、あなたと同じように会社に搾取されていた「仕事のできる中堅サラリーマン」であり、今はフリーランスとして「人生逃げ切り」(＝経済的な不安を限りなくゼロに近づけるとともに、面倒な人間関係や誰かに決められた場所・時間に縛られない状態)を勝ち取った私は、そう考えます。

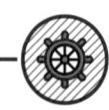

MONEY BOOK

頑張るほど「自腹」を切らされるサラリーマン

仕事をしているのに、財布のお金は減っていく

サラリーマンが「稼げない」原因は、給与を低く抑えられていることだけではありません。

勤務時間以外にかかる経費が「経費」と認められず、仕事をしているはずなのにお金が減ってしまったり、そのくせ税金を多く引かれてしまったりするのも大きな要因です。

仕事に一生懸命な人であれば、終業後や休日に仕事を家に持ち帰ることも少なくないでしょう。

しかし、パソコンにかかる電気代や、仕事をしながら飲むコーヒー代、とっさの事態のときにかける電話代は、会社に経費申請をしても通りません。「家では集中できないから」とカフェやファミレスで仕事をしたとして、その飲食代ももちろん通らないでしょう。

仕事をしているはずなのに、あなたのお財布からは、お金が出ていくのです。そして税務署は、あなたが会社から得ている手取りからそのような出費があるとはつゆほども知りませんから、あなたの所得額に容赦なく、税金をかけてきます。こんな理不尽な話はないでしょう。

理不尽な思いをするのは何も、仕事を持ち帰った場合に限りません。

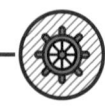

コロナショックを契機に、仕事のテレワーク化が一気に加速しました。

1週間のうちの数日は家で仕事をすることが増えましたが、その分の家賃を「仕事で使ったオフィス代」として経費申請するのも、税務署に「収入を得るために使った必要経費」として申告するのも難しいというのは、よく考えたらおかしな話です。

スーツやネクタイ、鞄、靴なども同様で、サラリーマンは「仕事にしか使わないもの」なのに自腹で買わなければならない事態に多く直面します。

フリーランスや副業サラリーマンは「節税メリット」が大きい

その点、フリーランスとして働いている人や、サラリーマンでも副業をしている人は、家で仕事をする場合の家賃・水道光熱費・通信費の一部や、スーツ・靴・鞄といった「仕事でしか使わないもの」は、経費として確定申告し、所得税・住民税の軽減につなげることが可能です。

副業をしていない「純正サラリーマン」と、「副業サラリーマン」や「フリーランス」には、キャッシュフローに大きな違いが出てくるのです。

先ほど述べたように、2018年度のサラリーマンの平均給与は441万円です。

一方、フリーランスエンジニアの平均年収は862万円（フリーランスエンジニア専門エージェント「レバテックフリーランス」に登録して稼働するフリーランスエンジニアの場合。2020年3月現在）。**ざっと見るだけで400万円以上の開きがあ**

ることにまず驚くのですが、話はそこで終わりません。

サラリーマンの平均給与は「額面で」441万円ですから、手取額となるともっと低くなるはずです。さらにそこから、家やカフェ、ファミレスで仕事をする場合の経費やスーツ・靴・鞄などの経費を自腹で払うわけですから、可処分所得はさらに下がります。特定支出控除もありますが適用条件が現実的とは言えず、税金はこれらの経費を考慮せず、手取額にまるまる掛かってきます。血も涙もありません。

一方のフリーランスエンジニアは、家で仕事をする場合の家賃・水道光熱費・通信費の一部や、スーツ・靴・鞄、さらに打ち合わせにかかった飲食代や交通費などをすべて経費として申告できる可能性が高いです。

税金は、全収入からこれらの「経費」を除いた所得に対してかかります。**サラリーマンと比べると、とても「理に適った」かたちで課税されるのです。**

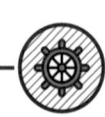

経費に関する考え方は、サラリーマンをしながら副業を行う場合も同様です。副業をしている場合も、副業に使った分の家賃・水道光熱費・通信費は「経費」として計上することができます。「純正サラリーマン」よりも収入は増え、節税メリットを多

く受けられるのですから、キャッシュフローは格段によくなります。

何も、いきなり「サラリーマンをやめてフリーランスになれ」とは言いません。

ただ、「サラリーマンを続けながら副業を始め、ちょっとずつ収入を増やし、理不尽に取られていく税金をちょっとずつ減らしてみる」くらいならば、考えてもいいのではないでしょうか。

もちろん、「それでも自分は、純正サラリーマンでいく！」という決断を下すのならば、それで構いません。ただ、その決断は、サラリーマンでいることのメリットとデメリットを十分に把握し、吟味してから下してほしい。私はそう考えるのです。

「じゃあ……副業を始めてみようかな。……でも、何をどう始めればいいの？」

心配いりません。「副業を成功させるために何を準備するべきか」「どのような副業を始めるべきか」は前著『人生逃げ切り戦略』に詳しく記したのですが、本書でもその内容を踏襲しつつ、内容の重複になりすぎないように説明していきます。

会社という「狭い世間」で満足させられてしまう

「新卒サラリーマン」は洗脳されやすい

さて、ここまで、サラリーマンでいることのデメリットとして「競争が激しい割にリターンが期待できない」「キャッシュフロー面で不利益を被る」という面を見てきました。

続いて挙げるデメリットは「視野が狭まる」ことです。

同じような人と、同じような場所で、同じような日々を過ごすうちに、いつの間にかその日々が「世界のすべて」であるように錯覚してしまい、外部から新しい情報を取り入れなくても生きていけるような気分になってくるのです。

これはとても危険なことです。**限定的なコミュニティで生きているうちに、いつの**

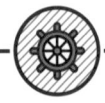

間にか、世の中から大きく取り残されるおそれがあるからです。

私が新卒で入社した会社は、中途採用を一切しておらず、新入社員は新卒に限られていました。

社員は全員、ほかの会社で正社員として働いたことのない人間で固められていたのです。

すると必然的に、社員は「正社員とはこういうものなのだ」「どこの会社もきっと、このようなものなのだろう」と、その会社があたかも「社会の中の普通」だと思い込むようになります。

これが経営陣、つまり「お金持ち」の大きな狙いだったのです。

中途入社の社員がいると、たとえば「給与が異様に低い」「労働時間が異様に長い」「上司からの圧が異様に強い」などといったブラック要素があったとき、「これはおかしい」「ほかの会社ではこんなことありえない」という話を周りの社員たちにすることでしょう。「なるほど、ウチの会社はおかしいのか」「ならば辞めよう」「労働基準監督署に相談しよう」と、経営陣にとって不都合な動きが起きないとも限りません。

しかし、その会社でしか働いたことのない人間しかいなければ、「ちょっとつらいけど、先輩たちもみんな普通に働いているわけだから、騒ぐほどのことでもないのだろう」と、少々の理不尽さを抱えていても、受け入れて働いてくれやすくなります。

いわば、経営陣にとってみれば「洗脳しやすい集団」になるわけです。

会社は「井の中の蛙《かわず》」を生み出す構造となっている

会社が中途採用をしないまでも、プライベートで社外の人と話せば嫌でも「自分の会社のヤバさ」に気づきそうなものですが、話はそう単純ではありません。

いかんせん「労働時間が異様に長い」わけですから、アフター5なんてほとんどありません。平日は夜10時くらいまで働いているため、社外の人と会って話す時間もなかなかとれない。いつしか仕事以外のコミュニケーションは、「終業後に同僚と飲む」くらいのものとなっていきます。

そして土日は、疲れて寝るだけ。こうして毎日顔を合わせる会社の人だけが「コミュニティのすべて」となってしまう環境が完成します。

決して普通ではない環境でも、その環境でのコミュニティでしか生きていないと、なんとなく「成り立っている」ような感覚になる。井の中の蛙となり、世の中から著しくずれていても気づかなくなる。これが会社組織の怖さです。

私の弟も、大手企業に勤めているサラリーマンです。彼から面白い話を聞きました。

弟が勤めている会社で、ついに副業が解禁されました。

すでに会社に内緒で、副業として動画編集チームのディレクションや有料コンテンツ販売プラットフォームのnoteでコンテンツ販売をしていた弟は、周りのみんながどんな副業をするつもりなのかが気になり、聞いて回ったのだそうです。

しかし返ってきた答えは、「副業をやるとしたら……終業後に牛丼屋でアルバイトかなぁ」とか、「近所のコンビニでアルバイトをやるよ。深夜は時給が高いし」といったものばかり。弟は愕然《がくぜん》としたといいます。

今や副業は、国が率先して推進し、オールドメディアでも「副業特集」が組まれる時代です。YouTubeで広告収入を得たり、noteで情報を発信して収入を得たりといっ

コミュニティのすべて

た副収入も一般的に認知されつつあります。その中にあって、弟の会社の同僚たちはまだ、「副業＝実店舗でのアルバイト」くらいにしか想像が及ばないのです。

いかにサラリーマンが、会社に飼い慣らされて「狭い世間」で満足し、世の中の情報から知らず知らずのうちに離れてしまっているか、そして「誰かに雇われて時間と労働を提供し、お金をいただく」以外の働き方を知らないかがよくわかります。

「狭い世間」に満足するのは危険信号

弟は「なぜみんな、こんなにも副業の知識がないのか」と不思議がります。

それは弟の会社の副業解禁が、決して「上層部の鶴の一声」で決まったものではなく、社員たちが自ら「副業を解禁してくれ！」と声を上げてようやく勝ち取った権利だからです。

会社に対してあんなにも「副業を解禁してくれ！」と真剣に訴えていたのに、いざ解禁されたらなぜ「副業をやるとしたら……終業後に牛丼屋でアルバイトかなぁ」なのか。それを弟は不思議がっているのです。

きっと弟の同僚たちは、「副業がしたかった」のではなく、「副業が認められている同業他社に比べて、自社の社員の権利が制限されているのが嫌」だっただけなのでしょう。

そもそも本気で副業がしたかったのであれば、私の弟のように「会社に黙ってこっそりと」であっても、すでに始めているはずでしょう。

家族名義の口座を利用したり、住民税を自分で納税したり、匿名で情報発信したり、副業を会社にバレずにやる方法なんていくらでもあります。

ルールを守るのはいいことですし、ルールを破るのはよくないことです。

しかし、ルールを変えたことに満足して勝ち誇る「井の中の蛙」より、ルールを破ってでも自分のやりたいことをやる者に、私は共感します。

「狭い世間」でのやりとりに満足しているとしたら、それは知らず知らずのうちに「搾取される側」の人間になっている危険信号なのです。

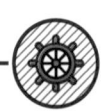

MONEY BOOK

サラリーマンは「重すぎる責任」を背負っている

サラリーマンは「ぼったくり居酒屋」である

仕事に責任感を持つのは大事なことです。無責任に仕事を放り出す人には誰も、仕事を頼みたくありません。

ただ、サラリーマンが背負う責任は、給与に対して明らかに重すぎます。「給与の額」と「責任の大きさ」のバランスがまったくとれていないのです。

たとえるならば、「ぼったくり居酒屋」のようなものです。「ビール1杯とつまみ1品で10万円!? 嘘でしょう!?」と。

確かにお酒は飲みましたし、つまみも食べました。支払いの義務は発生しています。

しかしその内容が明らかに釣り合っていません。

サラリーマンの働き方も、似たような理不尽さがあると私は感じています。

サラリーマンとフリーランス。多くの人は、フリーランスのほうがかかる責任が大きくなると考えるようですが、どちらも経験した私の感覚はまったく逆です。

フリーランスに比べて、サラリーマンのほうが圧倒的に大きな責任を背負っているのです。

「利害関係者」の数だけ責任が重くなる

フリーランスは「引き受けた仕事」と「仕事をくれたクライアント」に対して責任を持ちます。実にクリアで、シンプルです。

サラリーマンの場合、こうはいきません。

もちろん「引き受けた仕事」と「仕事をくれたクライアント」に対しての責任は発生します。その上で、サラリーマンは「部署」に所属します。何かミスをしでかしてしまったら、自分とクライアントばかりでなく、上司や同じ部署の仲間にも迷惑をかけることになります。加えて株式会社の場合、自分のミスが原因で会社の利益が損なわれてしまったら、株主にも少なからず影響を与えることになります。

サラリーマンはフリーランスと比べると、利害関係者の数が圧倒的に多い。その分、背負う責任もまた大きくなるのです。

「仕事」も「人」も選べない理不尽さ

そのくせ、自分の力で変えられないことが多い。これも会社の理不尽なところです。

フリーランスは、嫌な仕事は断れます。

一方のサラリーマンは、「組織の一員」として働くことを求められますから、嫌な仕事を自分の一存で断ることはなかなかできません。その割に、失敗したら責任を背負わされるのです。どう考えても理不尽です。

また、フリーランスは、組みたくない人との仕事も断れます。

サラリーマンはやはり、そうはいきません。中でもつらいのは、自分を評価する「上司」を選べないことです。どんなに高いパフォーマンスを発揮していても、上司とソリが合わなければ、不当に低い評価をつけられることもあり得ます。「こんな評価はおかしい」と、理路整然と訴えても、周りからは「どっちもどっち」と見られ、責任の一端を負うことになります。こんな理不尽なことがあるでしょうか。

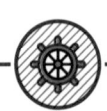

その責任感は「フリーランス」で活かすべき

理不尽な責任感を背負い、会社の中で心をすり減らすくらいならば、フリーランスになってストレスなく働いたほうがよい。

私はそう考えて、フリーランスの道を選びました。

我慢に我慢を重ねても、サラリーマンのままでは「稼げない」どころか、「サラリーマンであることのメリット」も得られない。ならばもう、サラリーマンである理由がないではありませんか。

第2章では、本章でお伝えした「サラリーマンの理不尽さ」を踏まえ、現状を脱却し、「金持ちフリーランス」に転じるためのマインドを醸成していきます。

大丈夫。サラリーマンとして責任感を持ち、普通に働けるだけのポテンシャルを持っている人ならば誰でも、フリーランスに転じて大成功を収めることができます。

なぜか。

フリーランスの世界は、サラリーマンの世界に比べて圧倒的に「ライバルが少なく、弱い」からです。

詳しくは、第2章で語ることにしましょう。

あなたのその強い「責任感」は、理不尽なサラリーマンの世界ではなく、正当な競争が見込めるフリーランスの世界で活かすべきです。

第２章

誰も言わない「お金持ち」の仕組み

資本主義は「お金」で評価される世界である

「お金」から目を背けるから貧乏になる

お金持ちはなぜ「お金持ち」なのか。
それは、資本主義の「本質」を受け入れ、その流れに沿った行動をとり続けているからです。

資本主義の「本質」とは、「この世はお金で評価される世界である」ということです。

「お金で評価される」わけですから、お金持ちは「資本主義の勝利者」を意味します。
そして人はみな、「勝っている人」と仕事をしたい。すると自分も「勝っている人」

にあやかり、勝てるチャンスが増えるからです。

そのため、「資本主義の勝利者」であるお金持ちのもとには、人も情報も、そしてお金も集まる。だからお金持ちは「お金持ち」であり続けるのです。

「世の中、お金じゃないよね」と考える人は多くいます。

「お金はあまりないけれど、やりたい仕事ができているからいい」。そんな声を聞くこともあります。

もちろん、考え方は人それぞれです。しかし資本主義の世界で生きている以上、「お金」から目を背けた途端に「貧乏」への道を歩み出すのだということは覚えておいてください。

私は就職活動のさなかにリーマンショックに巻き込まれた、いわば「リーマンショック世代」です。

それまでは、大学時代を有意義に過ごし、学生団体を主宰したり、ビジネスコンペに参加したりして自分を高める大学生が多くいたのですが、リーマンショックが起こったことにより、価値観が一気に変わりました。

彼らは「意識高い系」と呼ばれ出し、一部の人から嘲笑されるようになったのです。リーマンショックによって平均給与は一気に下がりました。

長くて熾烈な就職活動を乗り越えて一流企業に就職しても、報われない。そもそもいい大学に入学しても、優良企業に就職できるとは限らない。閉塞感がはびこり、学生たちの間には「頑張っても報われない。なのになぜ頑張るの？　バカじゃないの？」「いい企業に就職できなくても、高い給与をもらえなくても、幸せな人生はいくらでもあるよ」と、頑張る人を揶揄《やゆ》する風潮ができあがっていきました。

しかし私は、頑張る人を揶揄するその風潮こそが、日本における貧乏人の数を増幅させたのだと考えています。

頑張る人を揶揄する。それは結局、自分が「頑張らなくていい」という合理的な理由を得たいだけなのではないでしょうか。

お金持ちは「この世はお金で評価される世界である」という資本主義の本質を直視し、お金を稼ぐために頑張ります。

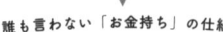

一方、「お金がすべてじゃない」と言う人たちは、お金のために頑張る人たちを揶揄することで「自分たちは正しい」と自分に言い聞かせ、お金を稼ぐ努力から目を背けます。

彼らは、本当は「お金が大事だ」と気づいています。それは「お金がすべてじゃない」という言葉からも明らかでしょう。そして彼らも、「そんなにお金を毛嫌いするのなら、明日から給料ゼロで働く覚悟があるのか」と問われれば、「それは話が違う」と反発するでしょう。

やはり資本主義は、お金がすべてです。

資本主義の中では、お金を求めない生き方のほうが、実は不自然なのです。

「お金のために頑張る」で何が悪いのか

私がフリーランスとして独立し、プログラミングを学ぶ有料講座をつくったり、エンジニアの転職をサポートするサービスを始めたりしたところ、一部のプログラマーから否定的な意見をいただきました。

「プログラミングをお金稼ぎの道具にしてはいけない」というのです。

私はこの意見に、強い違和感を覚えます。

自分の長所を武器にお金を稼ぐのは、いけないことなのでしょうか。

世界に目を転じると、私が覚える違和感の理由をわかっていただけるでしょう。

GAFAをはじめとする世界的大企業群で働いているとても優秀なエンジニアたちは、みんな「お金のため」に働き、実際に大きな収入を得ています。

とくに顕著なのがインド国籍のエンジニアです。

ご存じの通り、インドにはカースト制度があります。カーストの下層から一発逆転するには、エンジニアとなって大きな収入を得るしかありません。彼らのモチベーションは「お金持ちになって家族を救い出す」の一点です。そのため、少々のことでは挫折しませんし、技術を吸収するスピードも速い。何のたとえでもなく、まさに「ハングリー精神が旺盛」なのです。だから企業側も喜んで彼らに仕事を発注し、十分なお金で報います。

一方の日本人は、「お金のために頑張るのはけしからん」という謎の美学に縛られ

ながら働いていますから、どうでもいいところで悩んで、挫折して、頑張りきれないところがあります。

「お金のために頑張る」。素直にその考え方で仕事をすればすべてがうまくいくはずなのに、勝手に謎の美学に縛られ、勝手に物事を複雑にしてしまうのが日本人なのです。

「お金がほしい」。素直にそう認め、お金を得るために頑張ることが、資本主義の「本質」に沿った生き方だといえます。

MONEY BOOK

お金持ちには「情報」が集まる。だから、より稼げる

「縁」が切れなければ「お金」も切れない

「金の切れ目が縁の切れ目」ということわざがあります。

「お金があるうちはちやほやされて、いろいろな人が寄ってくるが、お金がなくなった途端にみんな一気に離れていく」という意味です。

なんとも冷淡なことわざですが、資本主義のもとでは、このようなことも少なからず巻き起こっているのでしょう。

ただ私は、このことわざを裏返して考え、生きる指針にしています。

「縁が切れなければ、お金も切れない」と考えているのです。

「縁」とはもちろん、人脈のことです。

前項で私は、「『資本主義の勝利者』であるお金持ちのもとには、人も情報も、そしてお金も集まる。だからお金持ちは『お金持ち』であり続ける」と述べました。

お金持ち同士でしか共有しない情報はたくさんあります。その情報を活かし、より多くのお金を生み、価値を創造し続けていれば、縁が途切れることも、お金が途切れることもない。私はそう考えているのです。

「おいしい情報」はお金持ちの間でのみ出回る

なかなか具体的に明かせないのがもどかしいところなのですが、私のもとに集まる「情報」の活かし方をご紹介します。

私が資金を投じている、いわゆる投資案件は、私と同じぐらい経済力や人脈を持っている仲間から話が来ることが多くあります。価値ある情報を「もらう側」になるばかりでなく、自分のもとにやってきた価値ある情報を「提供する」のが真の仲間です。

また、自分と同格かそれ以上の経営者同士で組むと、お互いのリソース(人材、資本、影響力）などを分け合い、協業することもあります（「影響力」については後の項目で詳しく説明します）。

もちろん事業がすべてうまくいくとは限りませんが、仲間と組むことでチャンスは格段に増えます。

なぜ「おいしい情報」が「お金持ち同士」の間でしか出回らないのか、ここまで話すとおわかりいただけるでしょう。

魅力的な投資案件に取り組むためには、お金や人脈が必要だったりします。**数万円程度の小資本で気軽に取り組める案件などはないのです。**

だからこそ、貧乏な人は必然的に蚊帳の外になってしまいます。

また、「数百万〜数千万円の投資をその場で即決できるレベルの人にしか、リターンの見込める投資案件は回ってこない」というのも大きな特徴です。

誰にでもできる数万円単位の小口投資にはうまみがなく、まさに「おいしい話にご用心」。騙される可能性もとても高くなるのです。

情報
情報
ないけど
教えてー

私自身も、年収300万円だった時代、「おいしい話」としてやってきた仮想通貨への投資案件に乗ったのですが、完全に詐欺でした。結果として数十万円を失っています。

「おいしい情報」はお金持ちの間でのみ出回る。だからまずは、お金持ちになることが大切なのです。いい教訓になりました。

MONEY BOOK

お金持ちは「やってみる」を前提に考える

お金持ちはフットワークが軽い

年収が1億円を超えているお金持ちに共通しているのは、フットワークの軽さです。**とにかく動き出しが早い。**「やってみる」を前提に考えているため、「どうしようかな……」と迷って立ち止まる時間がありません。情報交換をしている中で、仲間内のあるメンバーが、実経験に基づいて「こんなことをやったら儲かったよ」という話をすると、すぐに2、3人のメンバーが「おれもやる！」と声を上げるイメージです。

私が主宰する小規模事業者向けのビジネスコミュニティ「人生逃げ切りサロン」では現在、Lステップを導入しています。

Lステップとは、LINEの公式アカウントによる顧客管理&ステップ配信ツール。サロンメンバーにとっては、学習したい内容を段階立てて学べるようになり、サロンを管理する私は、その学習度合いの進捗を俯瞰《ふかん》して見られるようになります。Lステップの導入で、サロンメンバーの満足度も高まり、講座の売上も伸びました。

実はこの「Lステップの導入」も、何気ない会話の中で仲間に「これ、いいですよ」と教えてもらったものです。私も話を聞き、よさそうだと感じたので即、導入。結果的に大成功となりました。

誰でも「お金持ち」になれる

ただ、「お金持ちはフットワークが軽い」という話は、ある意味「卵が先か、鶏が先か」の面もあります。

お金持ち「だから」フットワークが軽いのだ、ともいえるからです。

Lステップの導入にあたり、私は対応するウェブアプリをつくるために数百万円を掛けました。

「失敗するかもしれない」という思いも、なかったわけではありません。ただ、仮に数百万円の損害で済むのならば試す価値はあると思い、導入を決めました。

数百万円の損害が出ても耐えられるだけの経済的体力があるから、即決できた。それは紛れもない事実です。

お金があるから、思い切れる。つまりフットワークは軽くなるのです。


「お金がないから思い切れない。フットワークが重い。フットワークを軽くしろと言われても無理」


そう考える人もいるかもしれません。

しかし大丈夫。誰でもお金持ちになることはできます。

その手段が「副業」や「フリーランスとしての独立」なのです。

フリーランスに「リスク」はない

「あんなに優秀な人が独立しないのだから、自分もまだ……」という考えは的外れ

日本ではまだまだ、サラリーマンという働き方が主流です。その中で「フリーランスになれ」といわれても、心理的ハードルは高いかもしれません。

なかでも多いのが、「ウチの会社には、自分よりも優秀な人が多い。あんなにも優秀な人たちがフリーランスという働き方を選ばず、サラリーマンのままでいるのだから、自分にはフリーランスなんてまだまだ無理。もうちょっとサラリーマンで頑張って、あの優秀な人たちのようになってから独立しよう」と考える人です。

しかし私は、その考え方は的外れだと感じます。

第1章でも述べたように、サラリーマンは「超優秀な一部の人のみが、その恩恵を受けられる世界」です。優秀な人ほど、その恩恵にあずかるために、サラリーマンという生き方を選ぶのです。

「まだあの人の域には遠く及ばない」と感じる同僚がいるのならば、「あの人のように優秀なサラリーマンを目指そう」と考えるより、「フリーランスに転じよう」と考えるほうがまだ建設的だと私は考えます。

よほどの最下層サラリーマンでない限り「独立後の食いっぱぐれ」はない

収入の継続が保証されていないことも、フリーランスへ踏み出すことをためらわせる大きな原因でしょう。

ここでひとつ、解いておきたい誤解があります。

「フリーランスは競争が激しい。仕事をひとつ取るのも、継続して仕事を取り続けるのも大変」という誤解です。

サラリーマンとフリーランス、両方を経験した私からすれば、サラリーマンのほうがよっぽど競争が激しいと感じます。

会社の中のほうが、個人別のさまざまな成績を常に比べられます。堅苦しい序列もあります。私自身いつも、数字に追われるストレスを抱えていました。

しかしフリーランスになってからは、そのようなストレスは一切なくなりました。「数字に追われる」のではなく、「数字を追う」楽しみを見出すことができ、ビジネスにより前向きに取り組めるようになりました。

私もフリーランスエンジニアとして独立する前は、「会社を離れてフリーランスを選ぶくらいなのだから、フリーランスエンジニアの世界は相当、レベルが高い人たちの集まりなのだろう」と考えていました。修羅の国に足を踏み入れるくらいの気持ちでいたものです。

ところが、いざ蓋を開けてみれば、敵はちょろいものでした。

平気で無断欠勤をしたり、音信不通になったり、納期を守らなかったりと、ビジネ

スパーソンとして成立していないフリーランスエンジニアが山ほどいたのです。

普通のことを普通にやっているだけで、私はいつの間にか「できるフリーランスエンジニア」の位置に収まることができました。

中堅サラリーマンであれば誰でも、「サラリーマン時代と同じ働き方」を続けるだけで、無双できる。私はそう断言します。

フリーランスの大多数は、サラリーマンとして成立していなかったがために退職に追い込まれたような、ビジネスセンスのない人たちです。中堅サラリーマンとして会社の中でも頼られてきたあなたが恐れるような世界ではありません。

無理に働き方を変える必要はない

「フリーランスになったら、新たな仕事を自分でどんどんつくっていかなければ生きていけないのではないか」

「サラリーマン気分のままでは通用しないのではないか」

このような心配を抱く人もいます。

確かに事業を築くようなポジションを目指すのであれば、新たな仕事を創造するクリエイティビティも必要ですが、フリーランスの仕事の多くは、発注元から「外注」というかたちで仕事を請け負うクライアントワーク。サラリーマンとの違いは「上司から仕事を振られるか、クライアントから仕事を振られるか」くらいのもので、大きな違いはありません。

むしろ前述の通り、サラリーマン時代と働き方を変えず、持っているポテンシャルをそのまま発揮するだけで、フリーランスの世界では成功できます。

サラリーマン時代と働き方がまったく変わらないのに、同僚の「超下位層サラリーマン」に本来もらうべき給与を吸い取られることがない分、収入は跳ね上がる。フリーランスは「ノーリスクハイリターン」です。

それでも周りの人は、「フリーランスなんて、何の保証もない。やめたほうがいい」とあなたを脅してくるかもしれません。

しかしそれは、フリーランスになる勇気のないサラリーマンのたわごと。会社にし

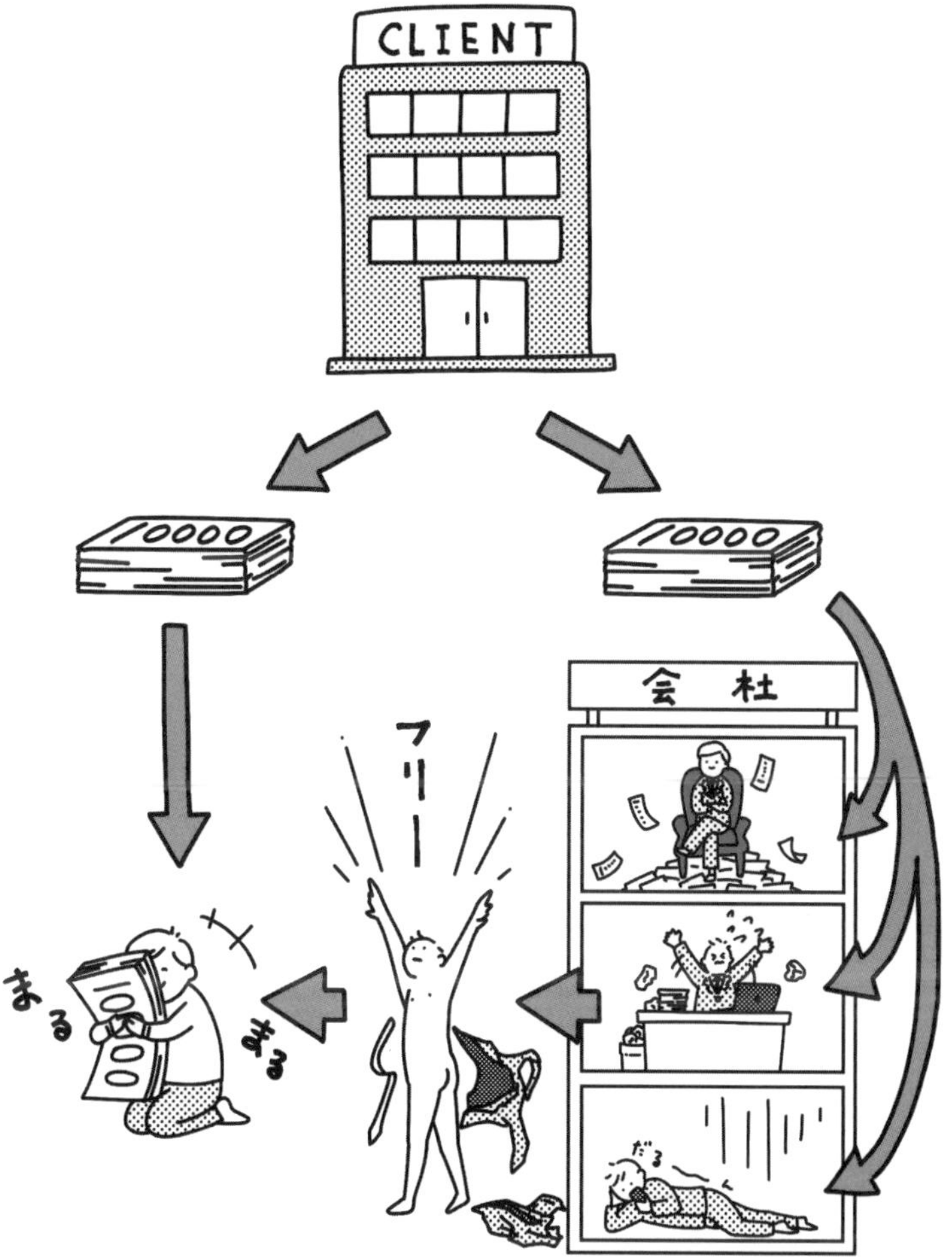
CLIENT
10000
10000
会社
フリー
まる
まる
だる

がみつくしかない人が、あなたが羽ばたこうとするのを引き留めているのにすぎません。気にするだけ無駄というものです。

日本はいざというときの「セーフティーネット」が充実している

中堅サラリーマンが、サラリーマンとしての働き方をそのまま続けるだけで、フリーランスの世界で成功できる。これは紛れもない事実なのですが、「それでもやはり心配。仕事が途切れたらどうするんだ」と考える心配性な人もなかにはいるでしょう。

万が一、生活がにっちもさっちも立ちゆかなくなっても、心配はいりません。日本は最低限の生活を保障してくれるセーフティーネットが充実しています。ここでいくつかご紹介しましょう。

私には、借金が400万円近くあるのに月の手取りは17万4000円で、働けば働くほど借金が増え、どうして生きていったらいいのかわからなかった時期があります。その時期の生活と比べると、日本のセーフティーネットの充実ぶりには驚くばかりです。

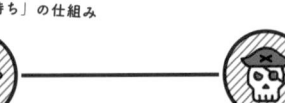

◎**雇用保険**

働いていた会社が雇用保険に加入していた場合は、退職後、ハローワークで失業認定を受けることで、失業給付を受け取ることができます。

ただし失業給付は、「失業中の生活を心配しないで新しい仕事を探し、1日も早く再就職するため」の制度ですから、失業認定を受けている途中でフリーランスとしての収入を得てしまうと、失業給付が減額されたり、もらえなかったりする可能性もあります。

フリーランスに転じたものの、仕事がまったくとれなかった場合の「保険」として、失業認定を受けることを考えてもよいでしょう。

◎**職業訓練**

フリーランスとして収入を得られない期間を利用して、手に職をつけることもできます。

雇用保険の中には「教育訓練給付」というものがあります。これは教育訓練の受講費の一部を支給するとともに、専門実践教育訓練を受講する45歳未満の離職者に対して、基本手当が支給されない期間について、受講に伴う諸経費の負担についても支援するというものです。

これはなかなかお得です。各自治体によって差はあるとはいえ、たとえばプログラミング講座の費用を見てみると、相場よりだいぶ低いといえます。そのうえエンジニアとして就職するために支援してくれる場合もありますから、至れり尽くせりです。

もちろん、学べる技術領域に制限があったり、講師の質が民間のプログラミング講座には及ばなかったりといったことも考えられますが、それでも、YouTubeやnoteの有料記事で自習すれば十分にカバーできる範囲です。

低コストで技術を身につけつつ、自らの市場価値を上げることもできる、素晴らしい制度といえるでしょう。

◎フリーランス向けの金融サービス

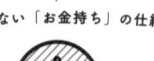

「フリーランスは病気で倒れたら終わり。誰も収入を保証してくれない」「クライアントの都合でギャラの支払いが遅れたり、場合によっては払われなかったりするんでしょう？　やっぱり不安定じゃないか」。そのような不安を吹き飛ばす、フリーラン

フリーランス向けの
金融サービス
BANK
雇用保険
ハローワーク
職業訓練
セーフ

ス向けの金融サービスも充実しています。

代表的なものが「フリーナンス」です。

「ケガや病気で入院した際、所得を最長1年補償」「クライアントの支払いを待てない人のために、請求書を即、現金化（ただし手数料あり）」など、フリーランスにとってはかゆいところに手が届くサービスがたくさんあります。

日本にフリーランスが増えるにつれ、フリーランス向けのサービスもどんどん充実しているのです。

なお、各種制度については念のため、公式ホームページなどで最新の情報をお確かめください。

「新規開拓マインド」が身につけば、再就職も余裕

「フリーランスとして働いてみたけど、やはり性に合わない。サラリーマンに戻りたい」

かなりの少数派だとは思いますが、こう考える人もいるかもしれません。
サラリーマンとして再就職を目指す場合も、フリーランスとして働いた経験は決し

て、マイナスにはなりません。**それどころか、純正サラリーマンに収まらず、フリーランスとして働いた経験がある分、企業側は「新規開拓マインドのある人材」としてプラスにとらえてもらえる可能性が高いといえます。**

「新規開拓マインド」とは漠然とした言い方になってしまいましたが、要は「未知の領域に飛び込む力」「飛び込んだ先で自分のポジションを開拓する力」のことです。

あなたにも経験があるでしょう。サラリーマン生活に慣れてくると、どうしてもダレてくるものです。エンジニアも、ひとつの現場で一人前に働けるようになるには、半年もあれば十分。そこから先は、現場に慣れるとともに成長率は逓減《ていげん》していきます。どんどん新しい現場で働いたほうが知識は劇的に増えていくわけです。

そう考えれば、一度でもフリーランスを経験した人間は、サラリーマンしか経験したことのない人間より格段に成長しているといえます。

あり得ないことですが、もしも私がサラリーマンとして再就職するとしましょう。

私はフリーランスとしてさまざまな情報を発信し、ブログやYouTube、オンラインサロンと、常に新しいチャレンジを続けました。どれもサラリーマンではできない経験ですし、フリーランスでの活動を通して、自分の市場価値はさらに高まったという自負があります。転職市場でもいい勝負ができるでしょう。

フリーランスになることは、仮に将来、再就職するにしても、決して損にはならないのです。

生きる選択肢が桁違いに増える

フリーランスは、特定の企業や団体、組織に縛られない、自由な働き方です。

自由とは、ひとことで言えば「選択肢の多さ」です。

フリーランスの道を突き進んでもいい。どんな技能を磨いてもいい。付き合う人を選んでいい。取り組む仕事を選んでいい。働く場所を選んでいい。いつ休むかを選んでいい。フリーランスに飽きたら再就職してもいい。一度フリーランスの世界に飛び出すことで、生きる選択肢は桁違いに増えます。

フリーランスに「リスク」なんてありません。それなのに「お金」と「自由」の両方を手に入れることができるのです。

MONEY BOOK

やりたいことをやりながら常に「数字」を追う

数字から逃げた瞬間に「堕落」が始まる

お金持ちは数字に対してストイックです。厳しく、真摯に数字と向き合います。いつまでも貧乏のままでいる人は、はじめは数字を追うものの、壁にぶつかると数字から目を背け、数字以外のものに評価の基準をすげ替えます。

稼ぎが頭打ちになり始め、伸び悩んでいるフリーランスは、必ず次のようなことを言い始めます。

「やりたいことをやっているから、儲からなくてもいいんだ」

もちろん、心の底からそう思っているのなら、私がとやかく言うことではありません。

ただ、本当に心の底から、そう思っているのでしょうか。

自分に無理矢理、そう思い込ませようとしていないでしょうか。

「やりたいことをやっているから、儲からなくてもいい」。それは単に、「どうしたら儲かるか」と突き詰めることから逃げているだけなのではないでしょうか。

SNSはとても便利ですが、残酷なツールでもあります。

稼いでいるフリーランスがガンガン発信するため、稼げていないフリーランスに「自分はこれだけしか稼げていないのに、同業種のこの人はこんなにも稼いでいるのか……」という現実を突きつけてしまうからです。

現実を突きつけられても、数字から目を背けずに奮起する人は、まだ伸びしろがあります。

しかし数字から目を背け、「やりたいことをやっているから、儲からなくてもいい」

「お金がすべてじゃない」「自分、何のためにこんなに頑張りすぎているんだろう。これって本当にやりたいことなのかな」なんてポエムを発信するようになったら要注意。貧乏人への堕落の始まりです。

SNSで似非《えせ》ポエマーや似非アーティストになっているフリーランスで、その後お金持ちになった人を、私は見たことがありません。

お金持ちになるのは、どんなときも、やりたいことをやりながらも、常に数字を追い、「数字を最適化するために何をすべきか」を前提として行動している人です。

追うべき「数字」とは何か

追うべき数字は、必ずしも「年収」とは限りません。

サラリーマンのときにも追っていたであろう、たとえば「月々の売上目標」「目標売上を達成するための成約件数」「その成約件数を達成するための訪問件数」などのマイルストーンを、そのまま追うだけで、収入はかなり伸びます。

しかしフリーランスになった途端、細かな数字を疎かにする人が多い。そしてそのような人は決まって、堕落していきます。

「サラリーマンから解放されたのだから、細かな数字なんて追わなくてもいいだろう」と考える人もいます。ただ私がここまでにお伝えしてきたのは「中堅サラリーマンとしての働き方をフリーランスになってもそのまま続ければ大成功する」ということ。**フリーランスの自由さに浸りすぎ、中堅サラリーマンとしての働き方をも放棄してしまうのであれば、それは「弱小フリーランス」の仲間入りを意味します。**

サラリーマン時代は、誰かに課された目標に追われていましたが、フリーランスになってからは自分で目標を立てる楽しみが生まれます。数字を追うのもまた、楽しくなるはずです。

数字から逃げると、成長が止まります。

「ガチガチに目標を数字で縛るのが苦しい」という人は「今の自分は、理想の自分に対してどれくらいの達成度なのか」を数字で押さえておくだけでもかなり違います。

自分の現在位置を数字でとらえるのは大切なことです。

数字が伸びないときは「土俵」を見直す

頑張っているのに、思うように数字が伸びない。

そのようなときは、自分の「頑張り方」を見直すとともに、「頑張っている土俵」も見直す必要があります。

「儲かる土俵」で戦っているでしょうか。

「儲かる土俵」とは、需要に対して供給が追いついていない市場のことです。

2020年現在ならば、たとえばエンジニアや動画編集など、多くの大企業がお金をドバドバと投入している市場がこれにあたります。

お金が流れ込んでいない市場では、いくら頑張っても、数字が伸びないのは当たり前です。頑張っても成果が出ない場合は、市場そのものを見直す必要もあるのです。

私はかつて、マルチ商法にハマっていました。

お金に対する意識が強かった私は、かなり力を入れて営業活動に取り組んでいて、一般的な会員より成績はだいぶよかったのですが、所詮はマルチ商法。頑張りに対する恩恵は微々たるものでした。
「これはよろしくない」と、マルチ商法をスパッとやめ、頑張りの矛先をブログに向けたところ、めちゃくちゃ稼げるようになりました。

頑張りは正しくても、戦う土俵が正しくない場合もある。行き詰まったときは思い出してください。

「サラリーマン、子育て中、小遣い3万円」からもフリーに転身可能

時間とお金に制約が生まれる中での戦い方

サラリーマンからフリーランスへの転身にためらっている人の意見で、唯一「まぁ、確かにな……」と納得するのが、「家族を養っているから、そんな冒険できない」というものです。

独身のうちは、仕事以外の時間もたんまりありますし、お金も基本的には自分のためにすべて使えます。フリーランスになることを前提として、仕事以外の時間とお金を自らのスキルアップにフルベットすることが可能です。

ところが結婚して子どもがいるとなると、そうはいきません。 時間にもお金にも制約が生まれ、家族を養い続ける責任も生まれます。

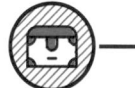

ならば「サラリーマン、子育て中、小遣い3万円」という、いかにも平均的な中堅サラリーマンはもう、フリーランスに転身できないのか。

そんなことはありません。

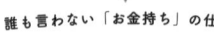

実は、私の動画編集を担当してくれているまつざわさん（@pargematsuzawa）も、「サラリーマン、子育て中、小遣い3万円」という典型的サラリーマンからフリーランスに転身し、成功を収めたひとりです。

彼が「詰み寸前」の人生からどのように脱出したのか。 ここで振り返ってみましょう。

「最少のお金・時間」で「最大のリターン」を得る

まつざわさんがフリーランスへの転身を決意したときは、奥さんと3歳の子どもの3人家族でした。

子どもが生まれたタイミングで、35年の住宅ローンを組んで自宅購入済み。月3万円のお小遣いは、コンビニで買う毎日の昼食とたまの外食費でほとんど消え去ってしまっていました。

まつざわさんのキャッシュフローは文字通り、がんじがらめだったといっていいでしょう。

まつざわさんには自由に使える時間もありませんでした。朝7時ごろに出勤し、22時ごろにようやく家に帰ってくる毎日。なのに、働けど働けど、収入が上がりません。将来の見えない生活に、まつざわさんは閉塞感を覚えていました。

やがてまつざわさんの頭に、ひとつの名案が思い浮かびます。

こんなにも会社のために時間を使っても、収入が上がらない。愛する家族と過ごす時間も取れない。ならばせめて、収入が下がってもいいから、「在宅で自由な時間に働けるスタイル」に移行することはできないか。

まつざわさんの中に「フリーランス」という選択肢が芽生えた瞬間です。

まつざわさんは最少のお金、最少の時間で最大のリターンを得ようと、私が主宰す

る「人生逃げ切りサロン」に加入します。

「人生逃げ切りサロン」には現在、およそ5500人の参加者がいます。彼らは決して「適当に集まった」5500人ではありません。積極的に「人生を変えて、逃げ切ってやろう」と考える、モチベーションの高い人間の集まりです。お互いに情報交換をしながらともに学び、切磋琢磨《せっさたくま》し、手を組んでさまざまなビジネスを行っています。

まつざわさんは「動画編集」という分野に目を付けました。**来たる「5G」の波を予期し、ビジネス系のYouTuberがさらに増え、動画編集の需要も増えると考えたからです。**

まつざわさんはサラリーマンを続けながら、1カ月間、空いた時間に動画編集を学び続けました。そして企業案件を獲得したタイミングで会社を退職。フリーランスへ

の道を歩み始めます。

会社員時代は、トップの成績を収めても最高で月収35万円だったというまつざわさん。今や収入は5～6倍に跳ね上がり、月収200万円台を叩き出し続けています。

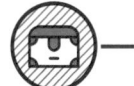

今は「価値ある情報を安価で手に入れられる」時代

手前味噌になりますが、まつざわさんの勝因は「人生逃げ切りサロン」を見つけ出し、その世界に飛び込んだことです。月額2480円でここまでの人材と叡智が結集しているオンラインサロンは、ほかにありません。

また、私やサロンメンバーのアドバイスを素直に聞き、愚直に実行したことも成功の要因だと感じます。

現在はオンラインサロンのみならず、noteやBrainといったコンテンツプラットフォームにも、安価で有益な情報が多く掲載されています。

それどころか、「こんな情報、無料で出していいのか」と思うほどに価値のある情報を、noteやYouTubeで発信しているインフルエンサーもいます。

次項で詳しく説明しますが、インフルエンサーたちは現在、「価値ある情報を無料もしくは安価でどんどん提供し、フォロワーを増やしたほうが、将来的に自分のプラスになる」と考えて行動しています。つまり学ぶ側からすれば、「安価で価値ある情報がたくさん手に入るチャンス」というわけです。

このチャンスを活かさない手はありません。

「お金がない」「時間がない」人にも、フリーランスに転じて一発逆転するチャンスがある時代がやってきたのです。

影響力は「最強の資産」である

「信用」と「影響力」の違い

私は、資本主義における最強の資産は「影響力」だと考えています。

影響力とは、「見ず知らずの他人の行動を左右する力」のことです。

ここでもうひとつ、「信用」という言葉を「身近な他人の行動を左右する力」と定義すると、両者の違いが明確になります。

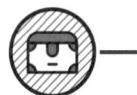

たとえばあなたの友人が、商品Aを買おうか商品Bを買おうか迷っているとします。あなたに信用があれば、あなたが「商品Aのほうがいいんじゃない？」と勧めれば、

友人はその提案に乗るでしょう。

しかし、見ず知らずの他人が商品Aと商品Bで迷っているとした場合、あなたが「商品Aのほうがいいんじゃない？」と勧めたところで、そう簡単には提案に乗ってもらえないはずです。それどころか相手は「誰だお前は？」という反応を示すかもしれません。

これが「信用はあるけど、影響力はない状態」です。

影響力を身につけると、どのようなことが起きるか。

あなたがひとたび「商品Aはいい！」とTwitterでつぶやけば、商品Aが爆売れします。不特定多数の人の行動を動かし得る、多くの人が「行動の指針」とする人が、影響力のある人なのです。

数多くの広告やCMに出演するタレントは「影響力がある」といえるでしょう。また、有名YouTuberが企業から「ウチとコラボしてメイク道具を開発しましょう」とか「サプリメントを開発しましょう」といったオファーをひっきりなしに受けるのも、有名YouTuberの持つ影響力を、企業もあてにしているからです。

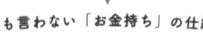

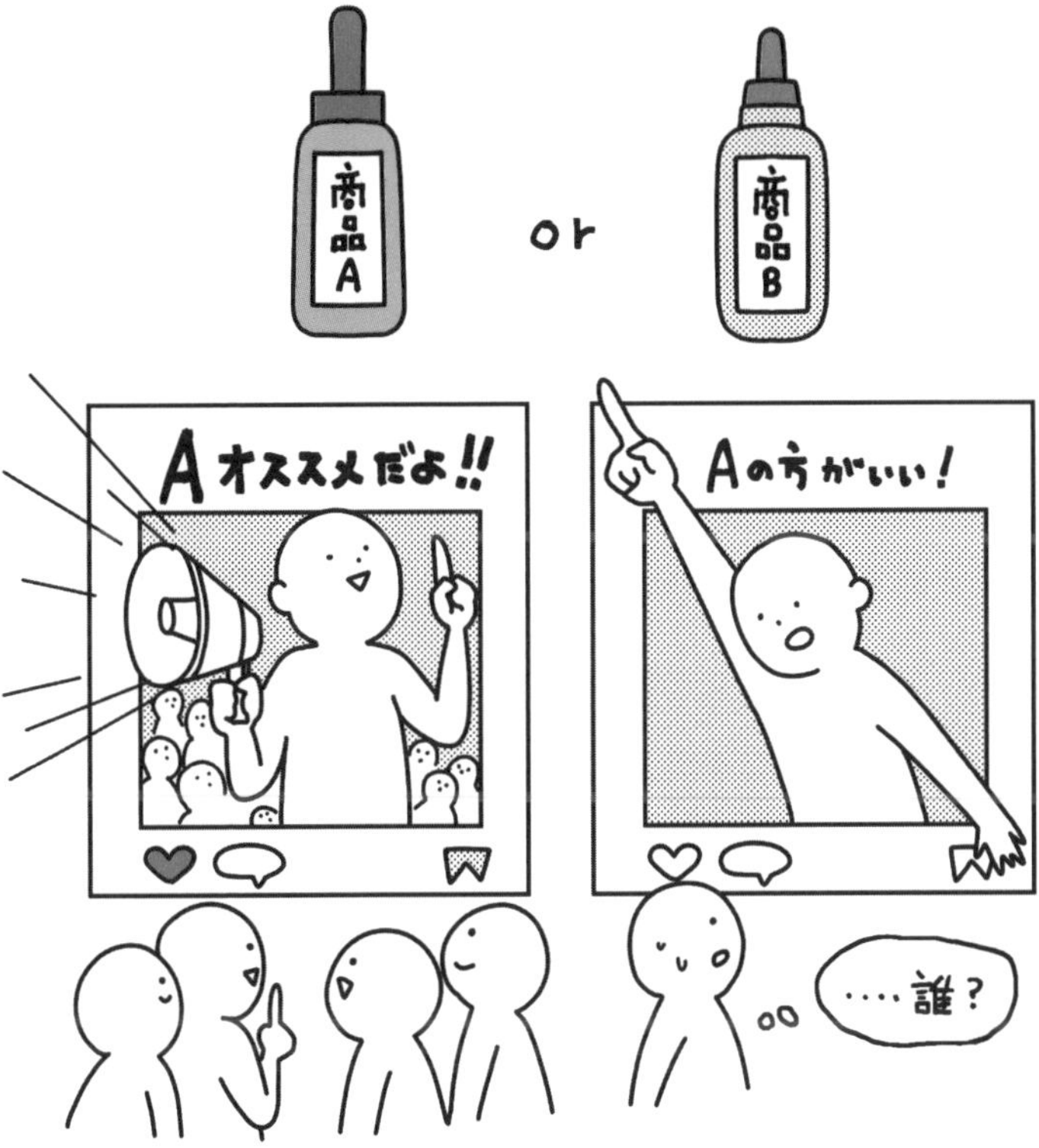

商品A
or
商品B
Aオススメだよ!!
Aの方がいい!
....誰?

「影響力」がさらなる影響力を呼ぶ

先ほど私は、影響力は「最強の資産」と述べました。

資産とは、土地や有価証券などのように、それ自体が価値を生み出し続けてくれるもののこと。ひとたび影響力を身につけてしまえば、それを武器として、永遠に稼ぎ続けることが可能となります。

私は「転職」「独立」というテーマで大きな影響力を持っています。

フリーランスになって以来、Twitter やブログ、YouTube、オンラインサロンで地道に発信を続けた結果、「転職・独立というテーマに関して、やまもとりゅうけんの言うことは信憑《しんぴょう》性や説得力がある」と話題になり始めました。

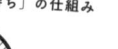

するとついには、見ず知らずの私の発信を参考にし、フリーランスになったり、エンジニアに転職したりする人が増えていくようになります。彼らが成功を収め、その顛末を発信することで、私の信頼度はさらに高まっていきました。

そして影響力が影響力を呼ぶ状態になり、影響力が雪だるま式に大きくなりつつあるのが現在です。

このように、ひとたび「業界の第一人者」的な影響力を獲得すると、そこに富が一気に集中します。

たとえば、アフィリエイト。私がブログで「このエージェントで転職して収入アップした」という転職経験を記すと、その記事を参考にして、ブログ経由でエージェントに登録する人が現れます。すると私はアフィリエイト収入を得ることができます。

また、「人生逃げ切りサロン」は、副業に特化したオンラインサロンでは会員数ナンバーワンですから、有益な人や情報を求めて、会員はどんどん増えていきます。

影響力は「フォロワー数」や「チャンネル登録者数」で測れる

影響力は「最強の資産」。イメージは湧いてきましたでしょうか。

影響力の大きさを測るわかりやすい指標は、Twitter のフォロワー数や YouTube のチャンネル登録者数です。

ここ数年、それまでTwitterやYouTubeに興味を持たなかったテレビタレントたちが、急にアカウントを持ち始めるようになりました。

それまで彼らは、SNSで一切、発信をしてこなかったわけですが、ひとたびアカウントをつくれば、たいした発信をしなくとも、フォロワー数、チャンネル登録者数は一気に増えます。それは彼らが潜在的に大きな影響力を持っていたことの表れなのです。

今や多くのインフルエンサーは、「影響力」という資産の重要さを認識し、フォロワーやチャンネル登録者数を増やそうと、価値ある情報を無料で提供するようになっています。

かつては「価値ある情報は、高額のお金を払ってくれる人にだけ、限定的に教える」が定番だったのですが、インフルエンサーたちは「それより、フォロワー数やチャンネル登録者数を増やしたほうが長く、安定的に稼ぐことができる」と気づいたのです。

情報を受け取る側にしてみれば、少し前までは数十万円を払わなければ得られないような価値ある情報を安価で手に入れる機会が増えたのですから、なんともいい時代になったものだと感じます。

第3章

「貯金」ではなく「蓄財」に力を注ぐ

MONEY BOOK

「貯金」を前提に考えるのは意味がない

月の手取りが「17万円」。あなたならどう使う?

2年ほど前のことです。

住んでいるマンションの1階にあるコミュニティスペースで、地域の人たちを集めたワークショップが開かれました。

テーマは「お金の勉強」。面白そうな気がしたので、妻と参加してみることにしました。

参加したのは20人ほど。下は小学生から、上は結構年配に見える方までいます。

講師は冒頭、次のようなお題を出しました。

「あなたがもし24歳で、月の手取りが17万円しかなかったら、あなたはお金をどう使

いますか？」

さて、あなたならどう考えるでしょうか。

「収入の枠を広げる」という発想を持つ

ワークショップでは、考える時間が十分に与えられた後、それぞれが「お金の使い方」の配分を紙に書き出し、発表していきます。

私が驚いたのは、私と妻を除く全員が、まず「いくらを貯金に回すか」を考えていたことです。

17万円のうち、まず3万円を貯金に回す。すると14万円余る。その14万円の中で、さぁどう生活していこうか――ワークショップに参加しているほぼ全員が、このような考えのもとに、お金の使い方を決めていました。

一方、私と妻が思い描いた貯金額は「ゼロ」。これには逆に、周りの人たちのほうが驚いていました。

「この夫婦……将来、大丈夫なのかな」と感じた人もいたのかもしれません。

しかし私は、「まず貯金する」という周りの人の考え方のほうに「将来、大丈夫かな」と不安を覚えました。


そもそも「手取りが17万円しかない」なんて、人生の中でなかなかの緊急事態なわけです。一刻も早く、この状況を抜け出さなければならない。

ならば、貯金なんてしている場合ではありません。ほかの人が「貯金に回そう」と考えている3万円分を使って、本を読むなり、セミナーに参加するなり、人と会うなりして自分を変え、もっと稼げるようにならなければいけないのです。

「17万円」という収入の枠を広げなければ、未来はない。私たち夫婦はそう考えたわけです。

かたや周りの人たちは、「17万円」という収入でいかに生活を継続するかを考えた。

「収入の枠を広げる」という考え方はまったくありません。

だから私は、周りの人たちに「将来、大丈夫かな」と不安を覚えたのです。

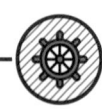

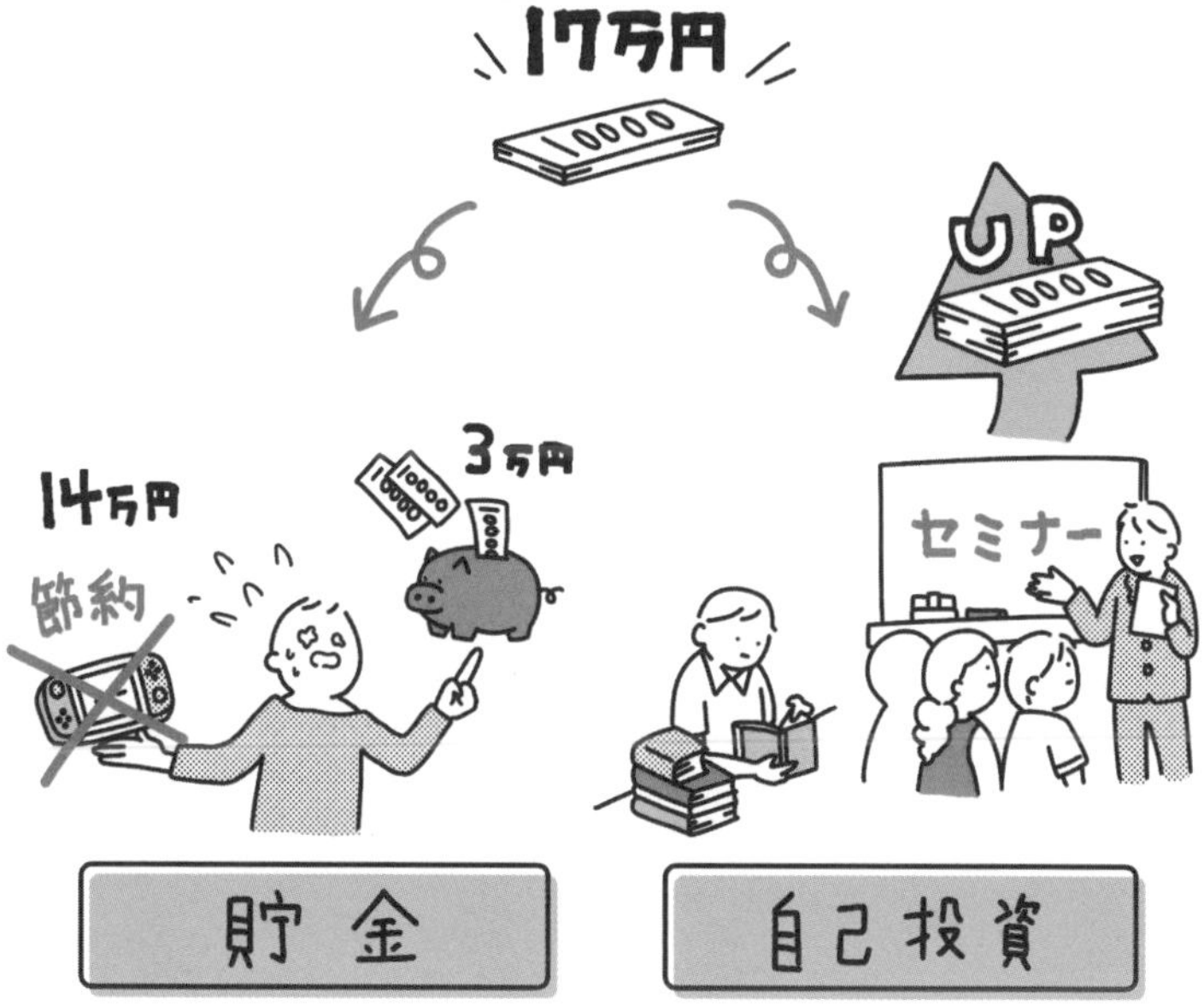
17万円
10000
UP
10000
3万円
14万円
10000
10000
節約
セミナー
貯金
自己投資

貯金は単なる「死に金」でしかない

ちなみに、講師が「もしも月収17万円だったら、お金をどう使う？」というお題を投げかけた真意は、「月収17万円だ、と考えたらこれだけ節約し、貯金までできるのだから、あなたたちの収入でこの生活をすれば、もっと貯金に回せるでしょ？」というもの。要は、このワークショップ自体が、私たち夫婦の考え方とはまったく相容れないものだったのです。

「お金の勉強」というテーマなのだから、投資や資産運用について学べるのかな……と考えて参加したのですが、中身はただの「節約指南」「貯金指南」。学べる内容は何一つありませんでした。

それどころか、小学生の参加者がいる中で「節約指南」「貯金指南」が行われたことに、危機感を覚えたほどです。

小さいうちに「まず貯金」という価値観を植え付け、収入の枠を決めた生き方を教えるのは、その子のためになりません。

私は、自分の子どもには、「月収17万円しかない貧乏の状態からお金持ちに転じるには、自己投資をして自分の価値を高め、より稼げるようになるしかない。貯金している場合ではない。自己投資だ」と教えたいと考えています。

貯金は単なる「死に金」。お金のないときの貯金ほど意味のないものはありません。

子どもの「お年玉」はどんどん使わせるべき

人が「貯金」という考え方を植え付けられるのは、お年玉をもらい始めるころからでしょうか。

自分がもらったお年玉を、お父さんお母さんが預かって、貯金に回す。この一般的な行動こそが、「お金に関する感覚」を磨く機会を奪い、将来的に「資本主義から置き去りにされる大人」を増やす。私はこう考えています。

私は、自分の子どもには、お年玉を好きなように使わせます。

お年玉ほど有益な「お金の勉強」の機会は、そうそうないからです。

大人にとっては、一晩飲んだだけで消えてしまいそうな「5000円」という金額も、子どもにとっては大金です。日々、100円そこそこのジュースやお菓子にしか触れていない子どもにしてみれば、体感で10万円くらいの価値があるでしょう。

たったの5000円で、子どもに「10万円のお金を動かす感覚」を身につけさせることができる。そのような教育の機会は、ほかにありません。間違いなく、5000円以上の価値があります。子どもにはお年玉を全額渡し、どのように使うかを自分で考えさせるべきです。


たとえ無駄遣いに終わっても構いません。反省から学ぶことができれば、立派な勉強です。


「大金をはたいて、つまらないゲームを買ってしまったな。次はもっと、ゲームの中身を調べて、本当に面白そうかどうかじっくり考えてから買うことにしよう」。このような反省の積み重ねで、お金に対するリテラシーは磨かれるのです。

大人になってからの無駄遣いより、子どものうちの無駄遣いのほうが金銭的ダメージも少ないですし、学びも多く得られます。

お年玉は貯金に回さず、どんどん使わせるべきです。

Apple Juice
CHIPS!
ChocöLATE
5000

「財を蓄える」という発想を持つ

「貯金」と「蓄財」の違い

逆説的な話になりますが、お金持ちになるには、「お金を貯める」という発想をいったん捨てることが重要です。

銀行口座にお金を預けているだけでは、限りなくゼロに近い微々たる金利しか「新たなお金」が生まれないからです。

貯めるべきは「お金」ではなく、「財」です。

「財を蓄える」という発想を持てば、読書やセミナー、人と会うといった自分への投資が決して無駄遣いではないことに気づきます。

知識
スキル
蓄財
人脈
影響力

たとえば資産運用をしている場合、お金は実際には銀行口座にはありませんが、「自分の財」としてはカウントできるでしょう。「知識」や「スキル」、「人脈」、そして「影響力」も同じ。新たなお金を生み出しうるものをすべて「財」ととらえ、蓄えていくことを心掛ける。すると、お金を「死に金」にすることなく、有効に使うことができます。

お金を殺すのが「貯金」、お金を生むチャンスを増やすのが「蓄財」というわけです。

お金を使っても「財」はなくならない

当然のことですが、お金を使うと、お金はなくなります。

しかし、お金を使っても「財」はなくなりません。3万円を自分の知識に投資したら、「3万円」というお金自体はなくなりますが、3万円分の知識が自分の頭に入ります。そしてその知識は、3万円以上のお金を生む原動力となります。

3万円を貯金したら、3万円がそのまま銀行口座に眠り続けるだけですが、3万円分を自分に投資すれば、知識・スキル・人脈・影響力といった「財」が自分のものとなり、さらにお金を増やすことが可能となるのです。

私は貧乏だった時代から、このスタンスを崩さずにお金を使い続け、現在、年間数億円を稼いでいます。

お金がなかった時代。私は「マルチ商法で営業を頑張ればお金が稼げる」と思い込んでいましたから、スキルを高めるためにさまざまなセミナーに参加していました。「営業とは何か」といった、営業マンとしての心構えを説くセミナーや、「キャッシュフロー・クワドラント」（働く人を4タイプに分類し、お金の稼ぎ方を整理する考え方。第4章で詳述します）を学ぶセミナー、そして「潜在意識を解放する」といったちょっと怪しげなセミナーなど、参加したセミナーを挙げ出したらきりがありません。すぐに役に立つセミナー。何の意味があったのかわからないセミナー。玉石混淆《こんこう》でしたが、確実にいえるのは、そのすべてが私の糧になっているということです。

手にした情報が役に立つか役に立たないかは自分の主観では決めず、とりあえず実践してみます。そうしてある程度の結果が出れば、集中的に取り組みます。この積み重ねによって、最初の印象がよくないからといって役に立つ情報を見逃すことがなくなり、人の意見や一般的なイメージに流されずに、自分の道を突き進む生き方ができるようになったと感じています。

「お金を貯める」のではなく、「財を蓄える」。これが「お金持ち」へと転じるためのカギです。

「月収10万円」からの脱出。私ならこうする

前述のワークショップのお題は「手取り17万円だったらどうするか」でしたから、まだ「貯金するか、蓄財するか」という議論が成り立ちました。

さらに逼迫《ひっぱく》した状況で、「貯金する余裕も蓄財する余裕もない」場合は、どう考えたらよいでしょうか。

たとえば、「手取り10万円」まで収入が下がったらどうでしょう。とくに2020

年は、コロナ禍の影響を大きく受けた業種では、手取りが10万円前後にまで下がる事例も決して少なくはありません。「手取り10万円」といえば、首都圏で賃貸物件に住んでいる場合は、手取りのほとんどが家賃に消えてしまうような収入です。

私だったら「副業を始める」「本業を変える」という2つの策をまず考えます。

収入には「固定収入」と「変動収入」の2種類があります。

たとえばブログは、収入が毎月変動しますから「変動収入」です。そのため、

「固定収入」として本業を続けつつ、副業としてブログを始めるのが、生活を安定させながらお金を増やす近道なのですが、本業の収入が10万円にまで下がってしまっているのであれば、「固定収入」としては心許なすぎると言わざるを得ません。

そこで、「そんなにも収入が下がるのであれば、いっそ仕事を辞めてしまう」という選択も有効です。

今時、出前・宅配の配達員でも月収30万円ほどは稼げます。ならば「固定収入」をそちらに移し、同時に副業を始めるのが、収入の「枠」を広げる唯一の道です。

「月収10万円」という危機的状況に陥ってもなお、「正社員」という立場にしがみつき、会社を辞められない人も、なかにはいます。

しかし、冷静に考えてみてください。

「会社を辞めたら、状況はもっとひどくなる」のでしょうか。

少なくとも会社を辞めてアルバイトを始めたほうが、月収は2倍以上に跳ね上がります。第1章で述べたことも含めて考えれば、「手取り10万円の正社員」にしがみつく理由はまったくないはずです。

確かに、正社員として就職するために、いい大学を出たり、厳しい就職活動を乗り越えたりと、さまざまなコストをかけていることでしょう。正社員という肩書きを捨てづらい気持ちもわかります。

ただ、月収がここまで落ち込んでいる今、「正社員だから安泰だ」といえるような状況でもないことは明白です。プライドや世間体にとらわれず、冷静に考えるべきです。会社を辞めても、食べていくことはできます。危機的状況にまで収入が落ち込んだときこそ、人生を守るために「会社を辞める」という選択が必要な場合もあるのです。

「終わってる会社」で得られる、たったひとつの「財」

ただし、危機的状況の中で、あえて会社にしがみつくことで得られる「財」が、ひとつあります。

「どん底の状況を経験した」「どん底の会社を立て直した」という経験です。

かつて日本航空（ＪＡＬ）は、就職先人気企業ランキング上位の常連でした。

しかし２００８年のリーマンショックを機に経営状況は悪化。２０１０年1月には会社更生法の適用を申請します。翌月には、京セラ株式会社の名誉会長・稲盛和夫氏が会長に就任しますが、先行きへの不安から、就職先人気企業ランキングでは大きく順位を落とすことになりました。

その後のV字回復はご存じの通りでしょう。わずか2年後の２０１２年9月には、東京証券取引所に再上場するまでに盛り返しました。

会社更生法の適用を申請した直後に入社した新入社員たちはさぞかし不安だったでしょう。**しかしその代わりに「どん底のＪＡＬで働き、立て直す」という、誰もがおいそれと得ることのできない貴重な経験を得たわけです。**

もちろん「回復の目があるかどうか」を見極めるのが重要になってきますが、もしも経営状態の回復が見込めるようであれば、「あえて会社にしがみつき、どん底の状態から立て直す」経験を積むのも立派な選択です。

「終わってる会社」でしか得られない「財」があるのもまた、事実なのです。

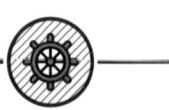

最終的に信じられるのは「自分の頭脳」と「影響力」

「お金」を信じすぎるのも危険

2020年に世界を揺るがしたコロナショック。世界中の誰にとっても、寝耳に水のできごとでした。

世の中、何が起こるかわからない。私自身、改めて実感しました。

コロナショックはさすがに予想外ですが、一歩間違えば「世界的経済危機」に陥るようなギリギリの状況は、世界中に潜んでいます。

リスクの中心は、主に中国です。「不動産価格が一気に下落するか否か」「世界最大のダム・三峡ダムが、長期集中豪雨の影響で決壊するか否か」に一時、世界中が注目していました。万が一、悪いほうに転べば、コロナショックに輪をかけて世界経済は大打撃を受けてしまうからです。

いずれにしても、日本に住んでいる市井の人間にしてみれば、「自分の力の及ばないところで巻き起こってしまう大問題」です。しかしその大問題に巻き込まれ、自分の持っているお金が紙くず同然になってしまう可能性もあるのです。

資本主義では「お金」がすべてです。これは事実です。

しかし、お金や仮想通貨だけをシンプルに信じすぎるのもまた、危険です。

お金の力を認めつつ、あえて信用しない。これが資本主義を生き抜くうえで大切な心構えです。

だからこそ、お金そのものを貯める「貯金」ではなく、自分の知識、スキル、人脈、影響力などを蓄える「蓄財」のほうが重要だと、私は考えているのです。

「頭脳」と「影響力」のハイブリッドで生き抜く

2021年初夏に開催が予定されている世界経済フォーラムの会合テーマは「グ

レート・リセット」。世界的な大混乱をもたらしたコロナショックを踏まえ、新たな経済・社会システムの基盤を構築しようという壮大なテーマが話し合われます。

世界経済フォーラムを受けてすぐにどうこうという動きはないでしょうが、「リセット」という言葉は何やら不穏なものを感じさせます。現在流通している貨幣の価値や評価基準が、将来的には一気にリセットされる可能性も、考えられなくはありません。なにせ世の中、何が起こるかわからないのですから。

私たちの手の届かないところで「資本主義の仕組み」が決まっていく以上、最終的に信用できるのは、世の中の変化に対応し、生き残るために役立つ力。つまり、自分の「頭脳」「スキル」「人脈」「影響力」といったものに集約されるわけです。**なかでも私が重視するのは、「頭脳」と「影響力」です。**

自分の頭脳が何よりも大切なのは疑うべくもないでしょう。頭脳を磨き続けていれば、世の中がどのような混乱に陥ろうとも、生き残る術《すべ》を探して凌ぎ切ることが可能になります。

ただ、頭脳だけを磨き続けるのでは脆《もろ》い。人は、自分ひとりだけで生きていくのはどうしても限界があるからです。

そこで私は、「頭脳」とともに「影響力」を磨き、ハイブリッドで資本主義の世の中を泳ぎ切ることを提唱しています。

「影響力」の心強さは、第2章で説明した通り。「頭脳」と「影響力」の両方が高い状態ならば、そうそうつぶれることはありません。

歴史に残る大画家、パブロ・ピカソにまつわる有名な逸話があります。

彼は買い物をするとき、いつも小切手を使っていました。しかしピカソから小切手を受け取ったお店の主人たちはみな、その小切手を現金化することはありませんでした。主人たちは、超有名人であるピカソの「サイン入りの小切手」そのものを喜び、額に入れて部屋に飾ったのです。

小切手が現金化されないのですから、ピカソは実質、タダで買い物をし続けているようなもの。そのために彼は死ぬまで裕福な暮らしを続けることができたのです。

自らの「頭脳」と「影響力」を活かした、歴史に名を残す偉人らしい、したたかな生き様です。

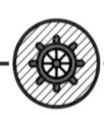

ハイブリッド
影響力×頭脳

お金を使わなくても成長できる

「お金の額」と「得られる知識・影響力」は比例しない

先ほど私は、「お金がなかった時代から、知識・スキル・人脈・影響力といった自分の財を蓄えるために、さまざまなセミナーに通った」と述べました。

これは決して、あなたに「全財産をはたいてでも、自分への投資にお金を使え」と勧めているわけではありません。

第2章で述べたように、今はさまざまなインフルエンサーが、無料もしくは低価格で知識を提供しています。お金を使わなくても、学びの機会はたくさんあるのです。

「お金を掛ければ掛けるほど、成果を得られる」と考える人がいます。

しかしそれは、幻想です。掛けたお金の額と、得られる知識・影響力は比例しません。

お金持ちの「カモ」になってはいけない

大きなお金を使って学ぼうとする人は、大きく2タイプに分けられます。

ひとつは、自分が学ぶべき領域をしっかりと把握した上で、お金を掛けることでその領域が学べ、確実にリターンが見込めると判断して投資する人。もうひとつは、「お金さえ払ってしまえば、あとは自分が何もしなくても、向こうが手取り足取り教えてくれる」と考える人です。

後者は、「お金がすべて解決してくれる」と思っていますから、自分が何を学ぶべきかも、どんな学びを得られるかも把握していない場合がほとんどです。そのため、投資額に見合うリターンは見込めません。

おそらく、どこかゲームのような思考があるのでしょう。

ゲームの主人公は、モンスターを倒してお金を稼いで、高い武器や高い防具を買い、攻撃力・防御力を高めます。このように、「お金さえ掛ければ簡単にレベルアップできる」というような思考が、心のどこかにあるのではないでしょうか。

本当に成長できる人ほど、「勉強にお金が必要不可欠だ」とは考えていないものです。

無料のYouTubeからでも、500円のnoteからでも、自分に必要な情報を貪欲に取りにいきます。高額セミナーや高額コンサルはあくまでも、自分が求めている情報を得るための手段のひとつ。「本当に高いお金を払わないと得られない情報なのか」「自力でそれだけの情報を得ようとしたら、どれだけのコストがかかるのか」などを論理的に検討し、投資するか否かを決めます。

一方、「お金を払えばなんとかなる」と考えている人は、高額セミナーや高額コンサルの販売者にとって、ただのカモで終わります。

カモを相手にした商売の一例をご紹介しましょう。

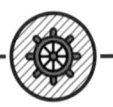

メジャーな副業のひとつである「せどり」。実店舗やEC（電子商取引）などの商品単位の価格差を利用し、「安いところで買って高いところで売る」ことで収入を得るビジネスです。

継続して「せどり」を行うには、古物商許可証を取得しておいたほうが有利です。この事実に目を付けて、「古物商許可証の取得法コンサル」のようなものを高い値段で売っている人がなかにはいますが、そんなノウハウは警察に行けば無料で教えてくれます。しかも、コンサルよりもよっぽど親切に教えてくれます。コンサルにお金を払う必要なんてないわけです。

それなのに、ろくに自分で調べもせず、「古物商許可証の取得法コンサル」にお金を払ってしまう人が、世の中には一定数います。とてももったいない話です。

お金持ちになろうと考えるのならば、お金持ちのカモになることだけは絶対に避けましょう。

ピンチで覚醒するのは「漫画の主人公」だけ

また「大きなお金を使い、自身を金銭的にピンチな状況に追い込むことで、稼ぐ能力が覚醒する」という破滅的な考え方を持つ人もいます。

崖っぷちに立たされると能力が覚醒するのは、漫画の世界に限られた話です。平時に発揮されない能力が崖っぷちに立たされたときに初めて発揮することなど、現実世界ではそうそうありません。破滅的なお金の使い方をして、積極的に自らピンチをつくるのはやめましょう。

冷静にリスクを考え、リスクをとるなら計画的にとるのです。

無理は禁物。身の丈に合ったお金の使い方をしながら、自分の「頭脳」と「影響力」を磨いていきましょう。

動画コンテンツで効率的に学ぶ方法

最短最速で知識を得るには？

「貧乏人」から「お金持ち」への大逆転を遂げるのが本書の最終目的です。

つまり、スタート地点である現在はまだ「貧乏人」。お金がない状態のはずです。

「お金持ちになるには勉強しろ」「蓄財しろ」「お金を掛けずとも勉強はできる」と述べてきましたが、「じゃあ具体的に、どうやって勉強したらいいんだ？」と疑問を持っている人もいることでしょう。

ここでは私が、動画発信者としての観点から、「動画コンテンツで効率的に学ぶ方法」をご紹介します。

この方法で動画コンテンツを見れば、最短最速で知識を身につけることができます。

方法1
倍速で見る(もしくは聞く)

動画コンテンツで学ぶときに何よりも大切なのは、「倍速」にすることです。

動画の内容を脳にインプットするために等倍で聞くのは、時間がもったいないことこの上ありません。

ただでさえ動画は、インプット効率が悪い勉強ツールです。

動画で発信者が10分、15分と話している内容は、文字にすると3分もかからずに読める程度。動画のほうが情報量が多いように見えて、決してそうではないのです。

「2倍速は速すぎる」と感じるかもしれません。しかしそれは慣れていないだけです。**回数を重ねれば、誰でも聞き取れるようになります。**1・2倍速や1・4倍速ではまだまだぬるい。倍速で内容を把握できるようになりましょう。

方法2　学ぶときの用途を切り分ける

「勉強したつもりなのに、頭に残らない」という悩みを抱える人の話を聞くと、そのほとんどが、いろいろな「ためになる話」を雑多にインプットして、「なんとなくいい話を聞いたなぁ」で終わっています。それは勉強とはいえません。

動画の内容を頭に刻み込むためには、「自分が学ぶべきもの」と「学ばなくていいもの」を切り分けて考える必要があります。

極端な例を挙げます。

「これから動画編集で稼いでいきたい」と考えている人が、セールスライティングを

勉強したところで、さほど即効性はありません。

たしかに、いつかどこかで動画編集の役に立つ日が来るかもしれませんが、「最短最速で動画編集の知識を得る」ための行動とはいえないでしょう。

動画編集で稼いでいきたいのであれば、まずは動画編集を学ぶことだけにフォーカスするべきです。

ごく当たり前のことなのですが、これができていない人が意外と多いのです。

浅く広く学んでも、何も身につきません。まずは一点集中が大事です。

最短最速で知識を得るには、学ぶもの

を制限するのも大切なことなのです。

方法3　「コスト感」を身につける

一部の有料コンテンツを除き、動画コンテンツは基本的には無料で視聴することができます。

ただし「無料だから」とだらだら流し見するのはおすすめできません。それは「時間」というコストをそのままだらだらと垂れ流していることを意味するからです。

あなたの「時間単価」はいくらでしょうか。**仮に2000円だとしたら、無料の動画を1時間見るだけでも、2000円分のコストがかかっていることになります。**

あなたが見ようとしているその動画は、「時間」というコストをかける価値のある動画でしょうか。

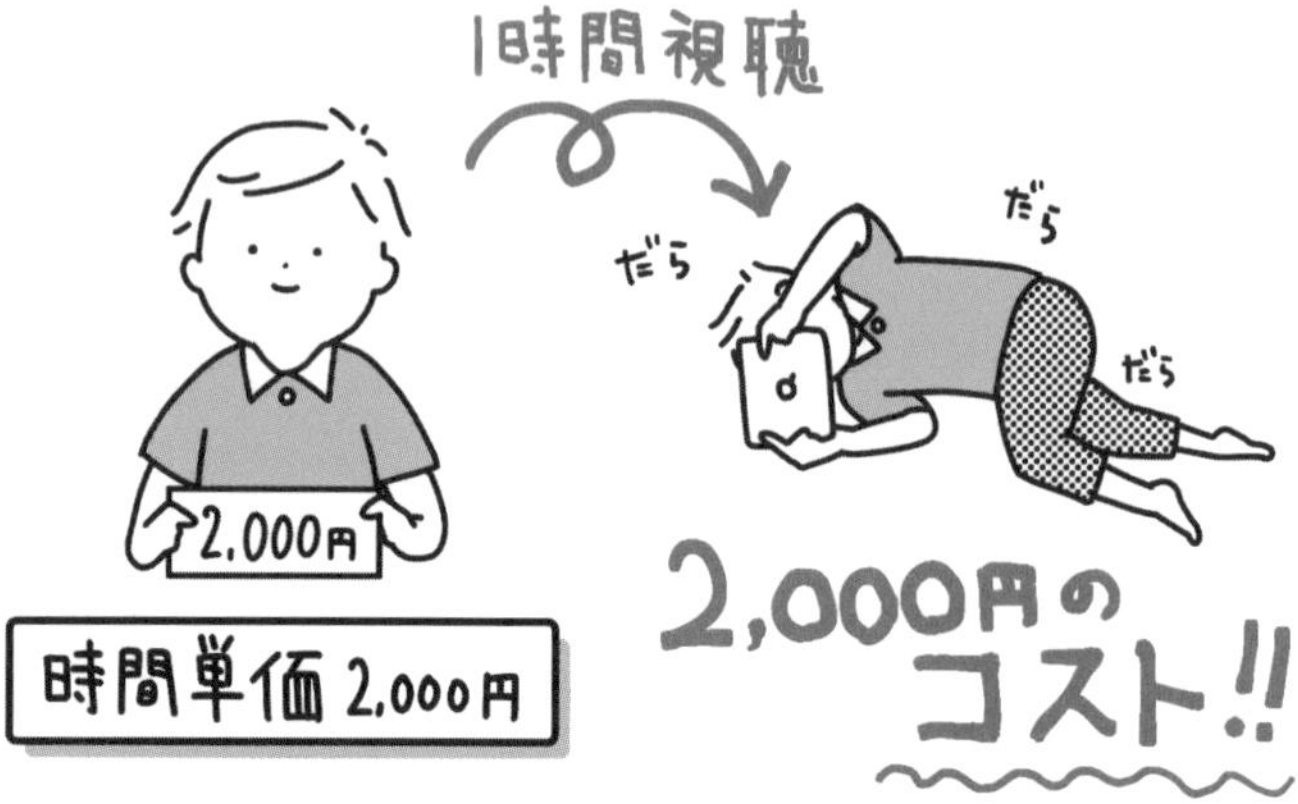

あなたがその動画で学んだことは、あなたの時間単価以上に価値のあるものだったでしょうか。

シビアに振り返ることが大切です。

無料動画にかかるコストは、実は「無料」ではないのです。

インプットは「負債」である

「頭でっかちな評論家」になってはいけない

散々「勉強しろ」とお伝えしてきているわけですが、実は勉強には「落とし穴」があります。

単なる「頭でっかちな人間」に成り下がってしまう、という落とし穴です。

あなたの周りにもいるでしょう。自分では何もしないくせに、やけに知識は豊富で、何事にも一家言あるように振る舞う「評論家」気取りの人が。

インプットばかりをしすぎると、頭でっかちになり、フットワークが重くなります。

「こうやって成功した人もいるけど、こんなリスクもある」「そのリスクを取り除くにはこんな方法もあるけれど、今度はこんなリスクが出てくる」と、理屈ばかりが頭に入るあまり、その理屈にがんじがらめになって、身動きが取れなくなるのです。

やがてその人は、動いて失敗しそうな人を批判するばかりの、誰からも相手にされない残念な人になります。

あなたはこうなってはいけません。

「頭でっかちな評論家」に陥らないために、どうすればよいか。

私は「学んだ内容をアウトプットすること」をおすすめしています。

Twitter や YouTube などで、学んだことや、それについて感じたことを発信するのです。

ただ単にインプットするだけでは、頭の中に負債を抱え込むようなものです。

学んだことを発信したり、実践したりしてアウトプットすることで初めて、インプットに価値が出てきます。

知識・情報に対する「向き合い方」を磨く

「学んだことを発信する」といっても、ただ「今日はこの動画を見ました！　ためになりました！」とつぶやくだけではアウトプットとはいえません。

学んだ内容をあなたの頭がどうとらえ、あなたの心にどう響き、それをもとにあなた自身がどう考えるのかを言語化しなければ、アウトプットとは呼べないのです。

インプット・アウトプットで人と差がつくのは、知識や情報に対する「向き合い方」だけです。

その知識を得て、何に活かそうと考えているのか。ここが重要なのです。

億単位の金を稼いでいる投資家も、会社経営者も、どこから情報を仕入れているかと聞くと、そのほとんどが「新聞」「ニュースサイト」「Twitter のトレンド」といった、私たちの誰もが手にできる情報源を答えます。

彼らと私たちとでは、「情報を得る」段階では、同じ土俵に立っているのです。

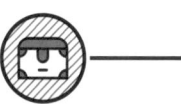

それなのになぜ、収入額や知識の量で差が出てくるのか。それはひとえに、「その知識を得て、何に活かそうと考えているのか」という、知識や情報に対する「向き合い方」に差があるからにほかなりません。

アウトプット前提のインプットを続けたことで、彼らは大きな収入や知識を得、「お金持ち」側の人間になることができているのです。

わかりやすい「アウトプット」のモデルとなるのが、ビジネス系YouTuberの動画です。

彼らはニュースを自分なりに解釈し、自分の考えを発信するプロ。彼らの動画を見ることで、「ニュースをどのように解釈し、自分の考えをどのように上乗せすればよいのか」の参考にできます。

最初は、真似で構いません。発信している人間が違うわけですから、続けているうちに、あなた独自の解釈が加わるようになり、あなた独自の発信ができるようになります。

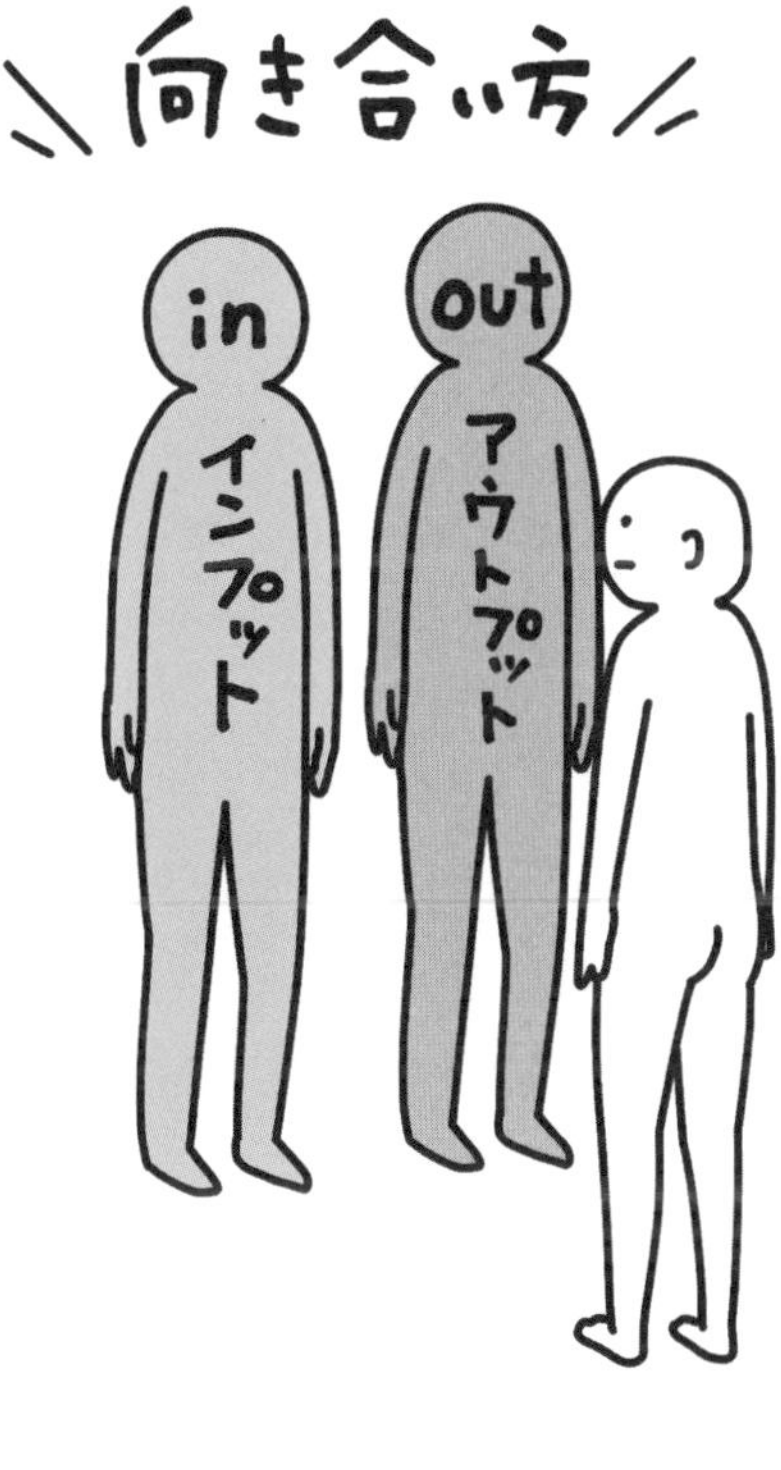
向き合い方
in
インプット
out
アウトプット

意図的な「アウトプット」で知識をものにする

テレビで時事問題を議論するコメンテーターを見ていて「さすがに博学だなぁ」と感心することがありますが、よく考えたらそれは逆です。「博学だからテレビに出てコメントできる」のではなく、「テレビでコメントしているから、より博学になる」のです。

資本主義においてお金持ちがどんどんお金持ちになるのと同じように、知識量が豊富な人ほど、持っている知識がどんどん増えていきます。

知識量が豊富な人ほど、テレビや雑誌、インターネットでの配信など、アウトプットの機会もまた豊富にあるからです。

専門的な見地から最新の時事問題を解説しなければいけないわけですから、インプットも必死です。そしてそのインプットは必然的に、「アウトプットすることを前提としたインプット」になります。インプットの精度が高まるのは必然というわけです。

政治系のニュースをぼーっと見ていると、ふと「昔学校でならったはずなのに、結構忘れていることが多いなぁ」と感じたりします。

国会の仕組みも、三権分立も、参議院議員の任期も、学校でならったはずなのに、どれもいまいち、あやふやな記憶しかない。それは、インプットしただけで、アウトプットする機会がないまま数十年がたってしまったからなのです。

知識を本当に自分のものにするには、意図的にアウトプットの機会をつくることが大切です。

「交通費」「交際費」を惜しむな

「格上」にどんどん会いにいこう

「頭脳」を磨くとともに、「影響力」も築いていきましょう。
まずは人脈を増やすことです。
そのためには、新しい人とどんどん会いましょう。
それも、自分より「格上」の人と会いましょう。

大学時代、ゼミの教授にこう言われました。

「本当に会いたい人がいるのならば、その人がたとえ東京に住んでいても（私は兵庫

格上
コスト
（投資）

県にある大学に通っていました)、どんどん会いにいけ。新幹線で往復しても3万円前後。夜行バスならばその半分以下ですむ。そのコストを惜しむな。尊敬する相手と実際に会って得るものは大きい。そのための交通費・交際費を投資と思えない人間は成功しない」

当時の私は、教授が何を言っているのか、さっぱりわかりませんでした。

「ただ単に会うだけで、往復の新幹線3万円分のリターンなんてあるのか?」なんて考えていました。

しかし、社会人になって自分でビジネスを運営している今ならわかります。人と会うことでモチベーションが湧き上がり、新たなビジネスマッチングも生まれ、濃い人脈が増えます。「教授が言っていたのはこういうことなのか」と、今さらながら実感しています。

もちろん、ただ「有名人に会いにいき、その写真をTwitterに載せるだけ」だったら、何の意味もありません。

あらかじめ、インプットした知識を情報発信していたり、何かしらの行動を起こして成功した失敗したといった、結果を出したりしている状態で会うからこそ、その対面に価値が生まれます。

前項で触れたような「頭でっかちな評論家」には、誰も会いたがらないものなのです。

今は、影響力のある人に会える場がどんどん増えています。

オンラインサロンを運営している人であれば、月々の会費を払えば確実に会うことができます。

手前味噌になりますが、私が運営している「人生逃げ切りサロン」の会費は、月額2480円。たったこれだけで、私に会う機会ができるわけです。

ホリエモンこと堀江貴文さんのオンラインサロン「堀江貴文イノベーション大学校」の会費は、月額1万1000円。あの人生経験豊富なホリエモンに会って話を聞けるとなれば、月額1万1000円だって安いものでしょう。

「格上の人に会う」という経験は、掛けるお金と時間以上に大きなリターンとなって返ってきます。

加えて、第2章で述べたように、お金持ちはみな、フットワークが軽い。そのため、自分と同じようにフットワークの軽い人間を好みます。

「格上から学びたい」と考える人にとっては、アプローチしやすい環境が整っているのです。

「1対多数」で目立つコツ

オンラインサロンで会うにしても、セミナーで会うにしても、会いたい人と1対1でゆっくり話せる状況はまれで、ほとんどは「1対多数」の状況になります。

多くのライバルがいるなかで、抜きん出て目立ち、その後も関係を築けるようになるにはどうすればよいか。**2つの作戦をご紹介します。**

ひとつは、前著『人生逃げ切り戦略』にも記した、「二次会、三次会で本気を出す」という方法です。

登壇者にとって、講演会やセミナーで対する相手は、誰であっても「参加者のみなさま」のうちのひとり。その中のひとりに特別な思い入れなど抱きにくいものです。

しかし、「二次会」「三次会」で登壇者の横に座れば、お酒の力もあって打ち解けやすくなりますし、「みんなのため」でない「あなたのため」の個別性の高いアドバイスも聞きやすくなります。

私の感覚では、むしろ「一次会」である講演会やセミナーには参加せず、「二次会」「三次会」から参加するくらいの心構えで十分なくらいです。

もうひとつは、鬼のように多くの質問を用意し、登壇者にぶつけることです。

私自身、初対面の人に「りゅうけんさんに会ったら聞きたいことをメモにまとめてきました」と言われ、30個ほどの質問を立て続けにもらったことがあります。

後半は正直、「もう勘弁してくれよ……」と思いましたが、そこまで悪い気もしませんでした。**それは、彼が本当に、私に会って話を聞きたかったのだということが十分に伝わってきたからです。**事前に質問ひとつ考えず、ぼーっと参加している人に比べたら、かわいいものです。

「相手の目を見て明るく話す」なんていうコミュニケーション能力は二の次です。**自分のことを考え、自分のために時間を使ってくれているのか。そこに人の心は動くのです。**

ペラ
ペラ
ペラ
ペラ

「可能性」を愛される人間になる

お金持ちに愛される「2つの要素」

お金持ちは基本的に、お金持ち同士でコミュニティを築きます。

しかし一方で、「将来お金持ちになる人を、早めに仲間に引き入れておきたい」とも考えています。

同じメンバーとつるんでばかりいては、成長は止まるからです。

お金を持っているインフルエンサーが「こいつは将来、お金持ちになるな」と感じる人には、2つの共通点があります。

ひとつは「フットワークが軽い」こと。

もうひとつは、「自分のいいたいことの『深いところ』まで汲み取って共感してくれる人」です。

フットワークの軽さについては、これまでに何度も触れてきました。**本項では、「自分のいいたいことの『深いところ』まで汲み取って共感してくれる人」について掘り下げていきます。**

「本当に伝えたいこと」を感じ取れているか

インフルエンサーたちはみな、フォロワーを増やすために、Twitter などSNSでは、あえて「目線を落とした投稿」をします。

本当は、自らの特性を活かした専門的で濃い内容を発信したい。ビジネスの本質を語りたい。誰もがそう考えています。

しかし、専門的で濃い内容ばかりを発信していては、フォロワーの裾野を広げることができません。「いいね」もリツイートも増えない。そのためインフルエンサーたちは、自分の欲をぐっと抑え、万人受けするような浅い内容を発信することが多くなります。

ところが、インフルエンサーは「表現欲の塊」です。自分が心の底から発信したいことも発信したい。そこでちょくちょく、「万人受けするような浅い内容」の中に、「専門的で濃い内容」や「ビジネスの本質を突く内容」が紛れ込むことがあります。

やはり、「専門的で濃い内容」や「ビジネスの本質を突く内容」は、「万人受けするような浅い内容」に比べ、「いいね」もリツイートも少ない。だからこそ、そのような内容に反応があると嬉しく感じますし、反応してくれた人をありがたく感じます。

インフルエンサーが本当に伝えたい、「専門的で濃い内容」や「ビジネスの本質を突く内容」を見抜いて反応できるかどうか。これが、インフルエンサーに自分の「可能性」を愛されるかどうかの大きな分かれ目なのです。

ひとつ、例を挙げます。

2020年6月初旬、私はひとつの動画とともに、あるツイートをしました。

100円で父親を買収しようとする息子

動画の内容は、歩くのに疲れた3歳の息子が、私に100円を手渡し「だっこして」とねだるものです。

この動画は大きくバズりました。2020年10月現在で224・3万回再生され、7・8万件の「いいね」がついています。

ただこれは、「フォロワーのみなさんがパッと見て、クスッと笑ってくれたら嬉しいな」というだけの、軽めのツイートです。

一方で、私が「営業」についての本心を吐露した、

「信用の切り売り」という言葉って本当センス悪くて、お金は使ってもらえれば

もらうほど信用って増えるんだよ。それが正しいあり方なのよ。商売を狩りか何かと勘違いしている悪人はそう発想するんだろうけどね。君達にわかるかな。

というツイートの「いいね」は188にとどまっています。リツイートは9件、コメントはわずか5件です。この先も、伸びることはそうそうないでしょう。

このようなインプレッションの少ない投稿にしっかりと反応し続けていると、インフルエンサーに気づかれ、「こいつ、わかっているな」と思ってもらわれやすくなるわけです。

インフルエンサーに可能性を愛されることが、成功への近道です。

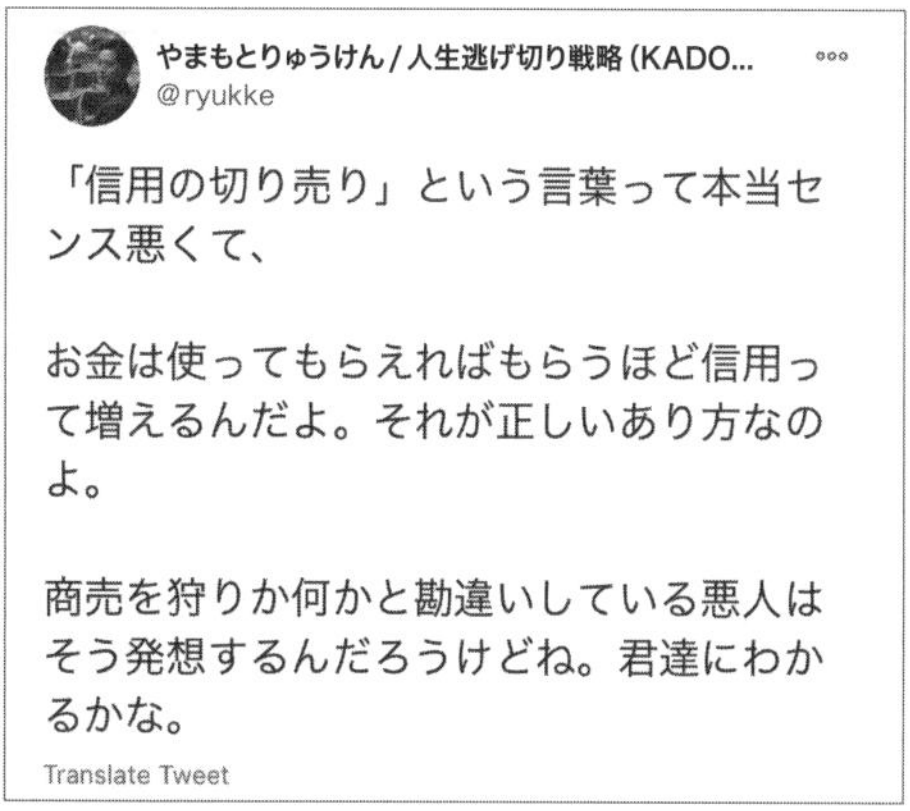
やまもとりゅうけん / 人生逃げ切り戦略 (KADO...
@ryukke

「信用の切り売り」という言葉って本当センス悪くて、

お金は使ってもらえればもらうほど信用って増えるんだよ。それが正しいあり方なのよ。

商売を狩りか何かと勘違いしている悪人はそう発想するんだろうけどね。君達にわかるかな。

Translate Tweet

人脈をアップデートせよ

「未来の人間関係」にフォーカスする

時間には限りがあります。

新たに勉強の時間をつくりつつ、「格上」の人たちと会う時間を増やすには、「得るものの少ない人付き合い」の時間は減らしていく必要があります。

「得るものの少ない人付き合い」の最たるものは、学生時代の友だちとの飲み会や同窓会など、「過去の思い出を懐かしむためだけの付き合い」です。

高校時代、大学時代の友だちとずっと付き合っている人たちは、学生時代で時間が止まっているのではないか。私はそう考えています。

「楽しかったあのころに戻りたい」という思いに浸るためだけに会うのならば、時間の無駄です。決して「友人関係を切れ」とはいいませんが、徐々に距離を置き、空いた時間で「格上」と会う回数を増やすのも、成長のためには必要なことです。

同窓会やOB会・OG会は、より一層「得るものの少ない人付き合い」といえます。**これらの会合には、あなたがぜひ会うべき、バリバリ稼いでいるお金持ちはまず現れません。**参加者は例外なく、「みんなに合わせる顔があるくらいには社会で活躍しているけれど、微妙に暇な人」です。

思いっきり活躍していて、自分がやるべき仕事が明確で、バリバリ活躍している人は、「自分が会うべき人」もまた明確に決まっていますから、同窓会やOB会・OG会のような、誰が来るかもわからない「闇鍋」的な集まりにはまず参加しないのです。

そのような場に、お金や時間を使う必要はありません。

自分が成長すると、今まで当たり前に思えていた人間関係が億劫になってきます。

それでいいのです。

あなたがフォーカスすべき人間関係は、学生時代の友だちのような「過去の人間関係」でも、職場の同僚のような「現在の人間関係」でもありません。「将来こうなりたい」と願う未来の自分にとって必要な人間関係こそ、あなたが目を向けるべき人間関係なのです。

人脈をどんどんアップデートしていきましょう。何年も同じ人間関係が続いているのは、あなたが成長していない証拠です。

コミュニティの「質」をコントロールする

できれば「格上」との人脈だけを増やしていきたいのですが、なかなかそう都合よくはいきません。

「格上」だと思っていた人が意外と大したことがなかったり、「格上」の取り巻きたちと付き合わなければならなくなったりと、望まない人間関係が増えてしまうこともよくあります。

そんなときに心掛けていただきたいのが、「コミュニティの質をコントロールする」という視点です。

自分が付き合いたくもない人とのかかわりに時間や労力を使ったり、心を煩わされたりするのは、人生でいちばんの無駄です。そのような人たちとは自然に距離をとり、自分のコミュニティの「質」を落とさないようにしたいものです。

距離をとる方法は簡単。全SNSで、その人を「ミュート」にするだけです。ブロックしたり、フォローを外してしまったりすると、相手にもわかってしまうため、角が立ちます。しかしミュートは相手に気づかれないため、穏やかに疎遠になることが可能になるのです。

「雑音」はなるべく排除し、やるべきことに集中する。すべてのお金持ちはこれを心掛け、自分の精神状態を常に快適に保つ工夫をしています。

第4章

「少労所得」を無限に増やす

MONEY BOOK

不労所得ではなく「少労所得」を目指す

「労働」より「投資」のほうが儲かる

「はじめに」でご紹介したように、フランスの経済学者であるトマ・ピケティは、2013年に上梓した著書『21世紀の資本』の中で、「資本主義のもとでは過去200年間、格差が拡大し続けており、今後もその格差は拡大し続ける」と語りました。

ピケティは、この「お金持ちはどんどんお金持ちになり、貧乏人はどんどん貧乏になる」という資本主義の構図を、ひとつの数式で表しています。

r＞g

ｒは「資本収益率」、ｇは「経済、つまり国民所得の成長率」です。要するにこの数式は「働くよりも、投資をしたほうがお金が増える」ことを示しているのです。

お金にお金を稼いでもらうほうが、自分で働くよりも稼げる。どうりで、すでにお金を持っているお金持ちがどんどんお金持ちになり、投資する余裕のない貧乏人がどんどん貧乏になるわけです。

「少額投資」に意味はない

「貧乏人も、ちょっとずつ投資に回す額を捻出すれば、『お金にお金を稼いでもらう』かたちをつくれるのではないか」と考えるかもしれませんが、残念ながらそれは難しい話です。

ある程度、まとまった金額を毎月積み立てられなければ、投資によるリターンはそれほど期待できないのです。

限られた収入の中から、「つみたてＮＩＳＡ」などの非課税枠を使って、毎月３万円ずつをなんとか捻出し、積み立てている人をよく見ます。

しかし月々3万円の積み立てでは、20年続けたところで、200万円程度の運用益を得られればよいほう。20年間続けるだけのリターンはあまり期待できません。

いわば、単に毎月3万円を20年間も貯金し続けているようなものです。**3万円を240カ月連続で「死に金」にし続けるデメリットは、20年後に得られる200万円よりも格段に大きいと私は考えます**。

「じゃあ、つみたてNISAよりも利率のよい投資商品を探そう」と模索し始めると、すぐ詐欺に引っ掛かります。

焦ってはいけません。

投資を考え始めてもよい経済力のボーダーラインは、「月額100万円を投資に回せるかどうか」。それ以下の経済力しかない場合は、投資など一切、考える必要はないのです。

「自分への投資」にお金を回す

ならばやはり、貧乏人はいつまでも貧乏人のままなのか。

いいえ。

たしかに、お金のないうちに資産運用を考えても、運用効率ではお金持ちの足下にも及びません。

だからこそ私は、本書を通じて、まず「お金持ち」に転じる方法をお伝えしてきているつもりです。

「月々3万円をつみたてNISAに回そう」という気概があるのなら、そのお金をまず、「自分」に投資するのです。

頭脳を磨き、人脈を増やし、影響力を得る。そのためのお金として使うのです。

フリーランスとして働けば、クライアントワークを中心に個人として働くだけでも、年収2000万円は難しい話ではありません。後の項目で詳しく説明しますが、ディレクター側に回るなどして商流を上げていけば、頑張り次第で年収4000万円も見えてきます。すると、「月額100万円を積み立て続ける」ことは十分に現実的な話となります。見事、「お金持ち側」に回り、投資のうまみを吸うことができるようになるのです。

r＞g

という数式は残酷ですが、絶望することはありません。

人は誰でも、「お金持ち側」に回ることができるのですから。

そのためにはまず、資産運用よりも先に、「自分への投資」にお金を回すことです。

「自己投資」での成功体験を積む

世の中には、「自己投資」に懐疑的な目を持つ人も多くいます。

「月々に3万円も自分に投資したところで、それに見合うリターンを本当に得ることができるのか」「『自己投資』なんて、教材やセミナーを売ったり、オンラインサロンを運営したりしている人間のポジショントークではないのか」。いろいろなことを言う人がいます。

しかしそのような人は、「自己投資をして、その投資額以上のリターンを得る」という経験をしていないことがほとんどです。

自分が経験したことのないものを「信じろ」と言っても、たしかになかなか難しいでしょう。

何も、いきなり月々3万円を自己投資に回し続ける必要はありません。

月々数千円ずつの投資に留め、本を1冊ずつ買ってみたり、オンラインサロンに入会してみたりして、副業のノウハウを学んでみましょう。

自分に合った副業の見つけ方は、私の前著『人生逃げ切り戦略』に詳述していますし、私が主宰する「人生逃げ切りサロン」でも、スキル獲得の機会は月額2480円で提供しています。

動画編集、プログラミング、ウェブデザイン……。自分に合った副業でお金を稼ぐことができ、その額が「自分への投資額」を超えるようになれば、「自己投資は、どんな資産運用よりも効率のよい投資」であることが実感できるでしょう。

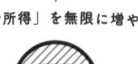

まず、はじめの一歩を踏み出し、小さい成功体験を積んでいく。

そして「これはいけるな」と感じたら、自分への投資額を増やしてみる。

こうして自己投資をどんどん拡大していけば、それに比例して、あなたの頭脳は磨かれ、あなたの人脈は増え、あなたの影響力は増していきます。

お金を掛けたら、掛けた分以上にしっかりリターンを得られるのが「自己投資」なのです。

「商流」を上げて収入を増やす

投資による収益のように、お金にお金を稼いでもらって得るような所得は、一般的には「不労所得」と呼ばれています。

しかし私は、「不労所得」という言葉は現実に即していないと考えます。

お金持ちが投資対象を選ぶときには、多くの時間と労力を使います。絶対に損をせず、最大の利益を得るために、慎重に検討を重ねるのです。

決して「不労」ではないわけです。

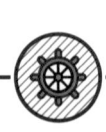

そこで本章では、「不労所得」という考え方を捨て、限りなく少ない労力で最大の利益を得る「少労所得」をいかに増やし続けるかという観点で話を進めていきます。

「少労所得」を無限に増やす。

労働を最少に抑え、収入を最大に増やし、その状態を死ぬまで続ける方法がひとつあります。

「商流を上げる」ことです。

「発注する側」に回ると、他人の時間を使って自分のお金を生むことができます。

フリーランスの動画編集者を例に考えてみます。

はじめのうちはクライアントワークが中心になるでしょう。そこでお金を稼ぐ経験を十分に積みます。クライアントが満足する仕事を続けていれば、すでに付き合いのあるクライアントからの受注を継続できるとともに、新規の受注も増えてくることでしょう。

するといずれ、自分ひとりでは抱えきれないくらいに案件が舞い込んでくるように

仕事
仕事
仕事
手数料
仕事
仕事
仕事
HELP
仲間

なります。

ここで「すみません、今は忙しいので……」と断ってしまうのはもったいない。自分の周りに、技術的に信頼できる仲間をつくっておけば、彼らに仕事を振り、手数料を得ることで、動画編集を「少労所得化」することが可能になります。動画編集者ではなく「ディレクター」になるのです。

動画編集者として個人で働くだけでは、月収50万〜60万円が限界ですが、自らが動画編集をするとともにディレクターも兼ねることで、月収300万円ほどは目指せるようになります。

多くの仕事を請け負える仕組みをつくり、「受注する側」から「発注する側」に回ることで、「少労所得」を達成することができるのです。

これは動画編集に限った話ではありません。

プログラミングやウェブデザインといった、ありとあらゆる分野で活用可能な考え方です。

より具体的な話は、本章の後半で述べていきます。ここではまず、「商流を上げる」という考え方が有効であるということだけでも押さえておいてください。

月に100万円投資できるなら資産運用もあり

さて、さきほど私は、「投資を考え始めてもよい経済力のボーダーラインは、月額100万円を投資に回せるかどうか」だと述べました。

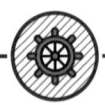

いざ、あなたが本当に月額100万円を投資に回す経済力を得たときのために、ここでおすすめの投資先をご紹介しておきます。

最も無難なのは「投資信託」です。

これは、世界中の投資家から集めた資金を用いて、投資家の代わりにあらゆる株式や債券に分散投資し、運用する金融商品のことです。リスクが分散されているため、まとまったお金を預けやすい商品といえます。

世界の富は、過去100年を遡っても、着実に増え続けています。戦争があっても、オイルショックがあっても、リーマンショックがあっても、長期的には増え続けています。現在はコロナショックの影響を大きく受けていますが、いずれまた、右肩上がりに回復することでしょう。

世界の富が増え続けることを考えれば、世界中のあらゆる株式や債券に分散投資できる金融商品は、利回り3%を切ることはそうそうないといえます。

ちなみに私は、SBI証券で「三菱UFJ国際—eMAXIS Slim 全世界株式（オール・カントリー）」という金融商品に、毎月一定額投資しています。

資産運用をする上で大切なのは、コロナショックのような一時的な下げが来たときに、ビビって売りさばかないことです。

前述の通り、世界の富は、どのような緊急事態が起ころうと、長い目で見れば増え続けているわけです。一時的な下げにビビる必要はまったくありません。

逆にいえば、一時的な下げに耐え、長期的視点を持てるだけの金銭的体力と胆力が備わっていないうちは、資産運用には手を出さないほうがよいでしょう。

「キャッシュフロー・クワドラント」に縛られるな

働き方は多様化している

初版刊行から20年が経ち、今なおファンの多い『金持ち父さん貧乏父さん』（筑摩書房）シリーズ。

その中の一冊『金持ち父さんのキャッシュフロー・クワドラント』で、「キャッシュフロー・クワドラント」という考え方が紹介されています。これは次の図のように、働く人を4タイプに分類し、お金の稼ぎ方を整理する考え方です。

その上で、「E（Employee：労働者・従業員）」や「S（Self-employed：自営業者）」から脱却し、「B（Business owner：ビジネスオーナー）」や「I（Investor：投資家）」の仲間入りを果たそうと『金持ち父さん貧乏父さん』は謳《うた》っています。

Employee
（労働者・従業員）

Business owner
（ビジネスオーナー）

Self-employed
（自営業者）

Investor
（投資家）

私はかつて、『金持ち父さん貧乏父さん』の著者、ロバート・キヨサキ氏のセミナーに参加したほどのファンですが、「キャッシュフロー・クワドラント」については「この4象限に縛られることもないのではないか」と考えています。

BになるのもIになるのもそんなにハードルの高いことではなく、何ならEもSもBもIも同時にできうるのが今の時代だと考えているからです。

サラリーマン（E）をしながら、副業でビジネスオーナー（B）になっている人もいるでしょう。

また、フリーランス（S）として働きながら、月々数百万円を投資に回している人（I）もいるでしょう。

働き方が多様化している今、「キャッシュフロー・クワドラント」は馴染まなくなってきているのではないかと感じます。

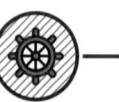

「働き方」ではなく「商流」を意識する

働き方が多様化している現在。個人でも複数の名刺を持ち、いろいろな肩書きを背負うのが普通になっています。

ならば、働き方を4象限に分けて「Bになろう、Iになろう」という発想をするより、先ほど述べたように「商流を上げよう」と考えるほうが、より自然なのではないでしょうか。

個人でクライアントワーカーとして働いているうちは、たとえ年収3000万円を稼いでいようと、「時間の切り売り」の域は抜け出すことができません。

しかし、クライアントワーカーを束ねる存在となり、大量に受注した案件を周りのクライアントワーカーに発注できるようになれば、個人でクライアントワーカーとして働いていた時代より労働時間は減り、収入は増えていきます。

商流を少しずつ上げていくことを意識するだけで、「少労所得」はだんだんと増えていくのです。

パワーバランスに振り回されない生き方

また、「キャッシュフロー・クワドラント」では、BよりもIのほうが賢い稼ぎ方であると考えるのが一般的ですが、現実のビジネスでは、この考え方も変化しつつあります。

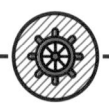

野村総合研究所の2017年の推計では、日本での純金融資産保有額1億円以上の富裕層・超富裕層の世帯数は126.7万世帯。純金融資産総額は299兆円。どちらも2000年以降最多です。つまり、今は投資家のお金が余っている時代なのです。ビジネスオーナーが投資家に「投資してくれ」と頼むより、投資家のほうがビジネスオーナーのほうに「投資させてくれ」と下手に出ることが多くなりました。

BとIのパワーバランスに変化が起こっているのです。

もちろん、この先も「IよりBのほうが優位」のパワーバランスが長く続くとは限りません。いずれまた、Iのほうが優位になる時代が来ることでしょう。

「キャッシュフロー・クワドラント」に縛られていると、このパワーバランスが変わることに混乱が生じるのですが、「商流を上げる」ことだけをシンプルに意識していれば、Ⅰが優位になろうがBが優位になろうが、生き方が揺らぐことはありません。「いかに商流を上げるか」を考え続けることが、時流の変化に振り回されず、安定して「少労所得」を得続けることにつながるのです。

時代に合わせて技能を身につける

知識や経験は「陳腐化」する

「貯金」をするのではなく「蓄財」をする。そしてその「財」とは、自分の知識だ、スキルだ、人脈だ、影響力だ、と前章で述べました。

実際に蓄財をし、意を決してフリーランスになって稼ぎ始めたとして、気をつけていただきたいことがひとつあります。

自分の知識や経験は「陳腐化」する、という事実です。

一度身につけた知識や経験に満足すると、他のことに挑戦する意欲が失《う》せてきます。いつの間にかまた「フットワークの重い状態」に逆戻りしてしまうのです。

身につけた知識や経験をお金に変換できる時間は限られています。新しい技能にどんどんフォーカスして身につけていく姿勢が必要です。

たとえば、プログラミングを必死に勉強し、プログラマーになったとします。安定して高収入を得られるようになり、「これで安泰だ」と感じるかもしれません。しかしここで安心していると、いつしか新しい技能を身につけた人間に、そのポジションを奪われることになります。

現に近年、プログラミングを使わなくてもシステム開発ができる「ノーコード」という技術が流行し始めています。

プログラミングをガチガチに勉強してプログラマーになった人は、この「ノーコード」を快く思わないでしょう。

「いや、プログラミングを使わないシステム開発なんてありえないだろう」「ノーコードなんて邪道だ」と声を上げる人もいるかもしれません。

これが、自分の立場を脅かすものが出てきたときに拒絶する「老害」への第一歩なのです。

新しい技術についていけない老害が淘汰されるのは、世の常です。

人は誰でも「老害」になり得る

努力して、時間をかけて身につけた知識や経験は愛おしい。

その気持ちはよくわかります。私もそうです。

だからこそ、私を含めて誰もが「老害」になる危険性を持っています。

自分が身につけた知識や経験を信用しすぎ、新しい技能を拒絶してはいけません。

時代が変わり、今持っているスキルがすべて無価値になりそうならば、その前にまた自分の頭脳を磨き、新しいリードを得ようと考えられる人が成功します。

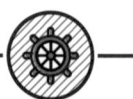

時代に合わせて「専門家」を仲間にする

組むべき相手も、時代によって変わる

時代に合わせる柔軟さは、自分の頭脳を磨く場合のみならず、商流を上げ、クライアントワーカーを束ねる立場になった場合にも必要です。

組むべき相手も、時代によって変わるからです。

クライアントワーカーでやっていくだけならば、新しい技能をひたすら身につける意識で自分を高め続けていれば、なんとかなります。

しかしそれでは、年収3000万円前後が限界。よりお金持ちとしての高みを目指すなら、商流を上げるとともに、その際に必要な「仲間」も集めておく必要があります。

「発信」が仲間を呼ぶ

自分を助けてくれる仲間を集めるのに最も有効なのが「情報発信」です。**情報発信はいわば、自分が出会いたい人が「向こうから会いにきてくれる」ようになる、魔法のツールだといえます。**

私の元には、優秀な人がいつも、向こうから会いに来てくれます。それは私が常に「こんな人と関わりたい」「こんな人とは関わりたくない」という価値観を発信しているからです。

会いたい人が向こうから会いに来てくれる。こんなに嬉しいことはないわけですが、これは実は「諸刃の剣《つるぎ》」でもあります。

自分の情報発信が時代に即さない「古くさい」ものであれば、集まる仲間もまた、「古くさい考え方」を持った人ばかりとなる危険があるからです。

前項では、プログラミングを使わずにシステム開発ができる「ノーコード」という

こんな人と
かかわりたい
アポ
アポー
アポ
こんな人とは
かかわりたくない
あっ
あー

新しい技術をご紹介しました。

もしもあなたが、プログラマーとして商流を上げ、クライアントワーカーを束ねる立場を目指すとして、TwitterやYouTubeで「プログラミングを使わないシステム開発なんてありえない」「ノーコードなんて邪道だ」といった情報発信を続けていたらどうなるでしょう。

「そうだそうだ」と、「プログラミング万歳」な人たちが集まり、「ノーコード」という新しい技術を持った人たちからは敬遠されるはずです。

これでは、たとえ商流を上げたとしても、あなたが率いる集団が業界内で長生きできるとは思えません。


ひとりでフリーランスとしてクライアントワークをしていく場合だけでなく、商流を上げてクライアントワーカーを束ねる立場になるとしても、やはり時代に合わせる柔軟さが必要になってくるのです。

まずは「会社の力」を借りずに稼ぐ

それでは本章の最後に、「少労所得」を無限に増やすための「商流の上げ方」を確認していきましょう。

「副業」から始める

まずは、会社の力を借りずに稼ぐところからスタートします。

もちろん、サラリーマンを完全に辞める必要はまだありません。副業でOKです。プログラミングや動画編集、ウェブデザインなど、「高需要で、たくさんのお金が流れ込んでいる市場なのに、供給不足」な土俵で勝負するのが副業の賢い始め方なのですが、新たな技能を身につける時間が惜しい場合は、サラリーマン時代に身につけた技能を武器に副業を始めてみてもよいでしょう。

サラリーマンも、いつの間にか「光る技能」が身についている

「サラリーマン時代に身につけた技能を武器に副業を始める」とはどういうことか。

ある女性の事例を紹介します。

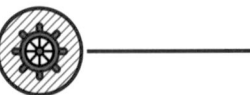

彼女は某ＩＴ企業で総務の仕事をしていました。

その企業は社内プレゼンが大変厳しく、ちょっとした提案をするだけでも、緻密に練り上げたパワーポイントの資料をつくらなければなりません。

とてもめんどくさい社風ですが、この経験が活きました。

彼女は副業として、「資料作成代行業」を始めたのです。

アイデアを思い描くのは得意でも、それを図解にし、人にプレゼンして理解を得るのは苦手だという人はとても多い。彼女はそこに目を付け、主にＳＮＳ起業家を中心に営業をかけ、プレゼン資料やセミナーで配付する資料の作成代行を請け負うことに

したのです。

副業収入がサラリーマンとしての収入を超えた段階で独立。**今ではフリーランスとして、サラリーマン時代の3倍の収入を得ているといいます。**

何気なくサラリーマンとして働いているうちに、いつしかフリーランスとして独り立ちするのに十分な技能が身についていることがあると、彼女は教えてくれました。

MONEY BOOK

「チームディレクション」で売上を拡大

品質の維持は大きな課題

まずは自分の力で、会社の力を借りずに稼ぐ。
いい仕事をしていると、どんどん新しい仕事が舞い込んでくる。
自分ひとりで回らなくなってきたときに、仲間を頼る。
これまでに何度も述べてきたことですが、やはりこの流れがいちばん自然です。

実は、クライアントからの信頼を最も失いやすいのが、この「仲間を頼る」フェーズです。

自分ひとりでつくってきたのと同じだけの品質を、人に任せつつ担保するのは難し

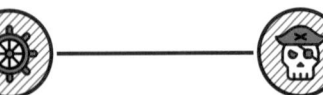

いものです。そのため「なんか品質が落ちたな」と感じさせてしまい、クライアントにそっぽを向かれてしまう危険も大きいのです。

「完全な発注者ではない」と自覚する

仲間に仕事を振るようになったとしても、あなたはその仕事をクライアントから請け負っている身であり、最終チェックの義務があるということを忘れてはいけません。

まだまだ、商流としては「クライアントワーカー」からちょっとレベルアップしただけの段階であり、完全な「発注者」となったわけではないのです。

完全な「発注者」へとさらに商流をアップさせるためには、次項で説明するように、「自分の商品」をつくる必要があります。

「自分の商品」をつくり込む

「自分の商品」にはどのようなものがあるのか

「自分の商品」とは、私の場合でいえば、「人生逃げ切りサロン」や各種プログラミング講座のようなものです。

自分（または自社）のブランドや、そのブランドイメージと紐付いた商品を、自分の影響力を武器にして売っていくのがこのフェーズです。

さきほどご紹介した、「資料作成代行」で独立した女性ならば、動画で「資料作成講座」をつくれば、それが「自分の商品」となります。

Twitter や YouTube でストレッチや筋トレを指南している人が、「月額〇円で限定動画を配信します」と立ち上げれば、それもやはり「自分の商品」です。

「商品が勝手に売れていくだけ」の状態をつくる

「会社の力を使わずに稼ぐ」と「自分の商品をつくり込む」の違いは、労力のかかり具合にあります。

「会社の力を使わずに稼ぐ」の段階では、収入を得るためには、自分がひたすら労働をし続けなければなりません。

しかし、ひとたび「自分の商品」をつくってしまえば、影響力を行使することで「商品が勝手に売れていくだけ」の状態をつくり出すことができます。**自分の手を離れたところでお金が生まれることが多くなってくるので、「少労所得」としての価値がより高まっていくのです。**

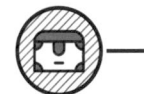

「ダイレクトレスポンスマーケティング（DRM）」を使いこなす

商品に関心の高い消費者だけに売る手法

いよいよ本書も最後の項目です。

「ダイレクトレスポンスマーケティング（DRM）」を使いこなす。この領域まで到達すれば、あなたの商流もかなり上がってきているといえます。

ダイレクトレスポンスマーケティングとは、広告やウェブサイトなどから発信した情報に、受け手側からの返信を促すマーケティングのことです。高額な情報商材の販売などで利用されやすい方法ではありますが、**しっかり価値ある商品やサービスの提供にあたって利用する分には、何ら問題はありません。**

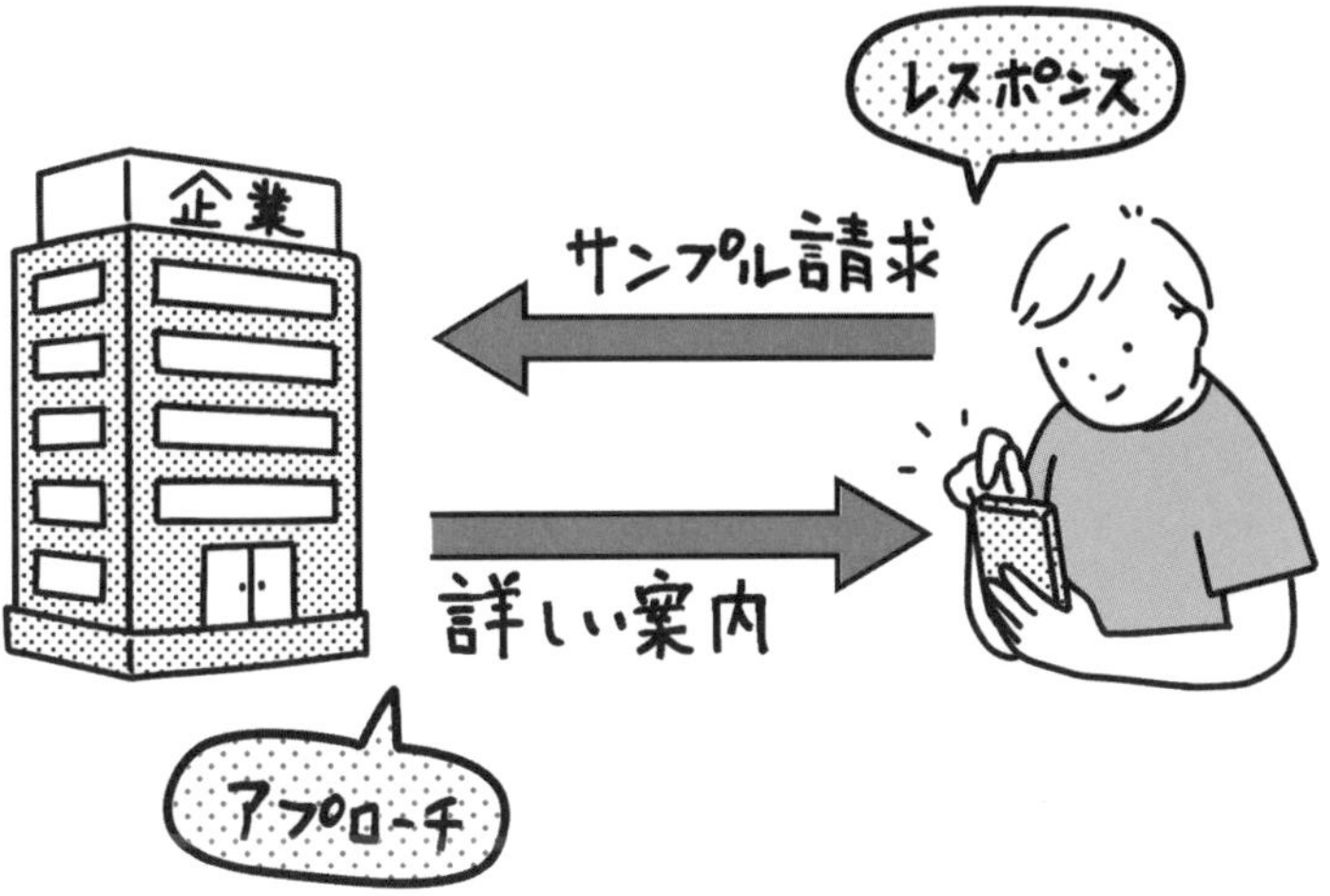

商品に関心の高い消費者だけに絞り込むかたちで営業ができるため、とても効率のよいマーケティング手法といえます。インターネットを使って効率的にビジネスをするには避けて通れない手法です。

DRMの手順

ダイレクトレスポンスマーケティングは、自分の商品を買ってくれそうな人のリストを集めるところからスタートします。

たとえばSNSを通じて、「このメルマガに登録してくれたら、営業の全極意をまとめた全300ページのPDFを無料プレゼント！」など、価値の高い無料プレゼントを行います。すると、メルマガに購入候補者リストが面白いほどたまります。

続いて、その購入候補者を「購入者」へと育て上げていきます。

売り手と購入候補者とのクローズドなやりとりとなり、チェックメールなどを重ねながら、購入候補者が商品を購入するまでのマインドブロックを削り取っていきます。

そして最後に、「今、この商品をご購入いただくと、こんな特典がつきますよ」「今だけ、こんなに安くなりますよ」などと訴求して、商品を売り込むわけです。

おすすめはLINEの「Lステップ」

ダイレクトレスポンスマーケティングを行うのにおすすめのツールが、LINEの「Lステップ」です。

そもそもLINE自体が超優秀。LINEの月間アクティブユーザー数（最低でも

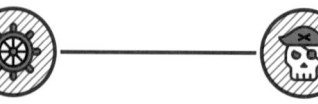

月に1回以上利用するユーザー数）は、日本国内で8400万人を超えます。最初にリーチできる母集団が大きい上、メルマガに比べて開封率も高い。ダイレクトレスポンスマーケティングを行うにはうってつけの環境です。

その上、アンケート機能やチャットボットなど機能も豊富で、購入候補者とインタラクティブなやりとりを行うことができます。決められた文章が淡々と送られてくるメルマガとは大違いです。

購入候補者を引き込むための仕掛けやメッセージを考えるのには時間も手間もかかりますが、一度仕組みをつくってしまえば、かなり盤石な収入源となります。

理不尽な悪評が立ちにくい

ダイレクトレスポンスマーケティングのメリットは「商品に関心の高い消費者だけに絞り込むかたちで営業ができる」点だと述べました。

これは売り手にとって、想像以上のメリットです。

たちの悪いクレーマーのほとんどが「買う気のない人」だからです。

多くのインフルエンサーは、Twitter や YouTube でオープンにモノを売りすぎているように感じます。

そのため、商品の情報やその価格が、まったく買おうと思っていない人にまで届いてしまい、藪《やぶ》をつついて蛇を出すかたちで反感を買い、悪評を立てられてしまう。もったいない話です。

しかしダイレクトレスポンスマーケティングを使えば、純度の高い購入候補者だけが最後まで残ってくれますから、理不尽なクレームも起こりにくいですし、悪評も外に出にくくなります（もちろん、提供する商品の品質がいいことが大前提ですが）。

インターネットで稼ごうと思ったら、ダイレクトレスポンスマーケティングを活用しない手はないのです。

おわりに

「清貧」。

『デジタル大辞泉』によれば、「私欲をすてて行いが正しいために、貧しく生活が質素であること」という意味の言葉です。

いかにも「お金儲けは汚い」「貧乏は清らかだ」という美徳を謳う言葉のようですが、用例に「清貧に甘んずる」とあるように、実際には「貧乏を嘆く」ニュアンスも少なからず含んでいます。

ところが私たち日本人は、「お金儲けは汚い」「貧乏は清らかだ」というニュアンスのほうをことさら好んで強調し、使いたがります。

私には、この「清貧」という言葉を好む日本人の美意識が、資本主義の世に生きる日本人自身を縛り、苦しめているように思えます。

本書に記したように、日本人のプログラマーが「プログラミングをお金儲けの道具にするな」とゆがんだ清貧思想を押しつけられている一方、世界では「お金のため」に働いているプログラマーがのびのびと活躍し、大きな成果を上げ、大きな収入を得ています。

「お金で評価される世界」である資本主義に反抗する日本人のメンタリズムが、今、さまざまな分野で、グローバルスタンダードとの「格差」を引き起こしているのです。

ある中国人インフルエンサーが、私のツイートにつけられるリプライを見て驚いていました。

「お金がすべてじゃないだろう」

このようなリプライを見て、「中国ではあり得ない」と呆気にとられていたのです。

彼曰く、中国人には「お金を稼げない奴は恥ずかしい」という意識があり、自分よりお金を稼いでいる人に楯突《たてつ》く前に、「自分が相手よりもっと稼げるように努力する」

マインドが身についているのだといいます。

ちなみにフォロワー数についても同じで、「自分よりフォロワーの多い人の発信に楯突くのは恥ずかしい。自分は自分で、自分の思うように発信をし、フォロワーを増やそう」という考え方が主流なのだそうです。

一方の日本では、

「お金を稼いでるからって偉いのか」

「フォロワーがたくさんいるからって偉くないだろう」

という謎の圧力が国全体を支配しています。

残念ながら、「清貧」を崇める思考がこじれて、「貧しい上に心が荒《すさ》んでしまっている」のではないかと感じるほどです。

私は「もっとお金を稼ぐために頑張る」「もっとフォロワーを増やすために頑張る」という中国人の思想のほうが、よっぽど自然で健全なように思えるのですが、どうでしょうか。

お金を儲けている人がみな、「私欲に満ち満ちていて、行いが正しくない」わけではありません。

「行いの正しさ」と「経済的な豊かさ」はトレードオフの関係ではありません。

お金を稼ぎながら、清らかに生きることはできます。

ともに、正当な方法でお金を稼ぎ、「お金」で評価される資本主義の世界をのびのびと、悠々と生きていきましょう。


さて、本書をお読みいただいて、効率的に稼ぐ方法や思考をインプットし、始めてみよう！　とさっそくやる気スイッチがオンになっている方もいるかと思いますが、選択肢が多すぎて、「自分にはどのような稼ぎ方が向いているのかわからない」と考える方もいるはずです。

「フリーランスビジネス診断」では、性格や目指すライフスタイルに合わせて、あなたにどのようなビジネスが適しているかを簡単に判別できます。もちろん、診断結果とは異なるビジネスを選んでいただいてもかまいません。あくまで大まかな指針としてご活用ください。

こちらのＬＩＮＥ＠に登録すると、「フリーランスビジネス診断」を受けることができます。

さぁ、心も経済力も豊かなお金持ちへの階段を共に駆け上がりましょう!!

やまもとりゅうけん

２０２０年12月

やまもとりゅうけん（山本 隆玄）

ワンダフルワイフ株式会社代表。

1987年大阪生まれ。神戸大学経営学部卒業。新卒で東証一部上場企業にプログラマーとして就職したのち、27歳でフリーランスエンジニアとして独立し、サイバーエージェント大阪支店等に勤務。独立と同時期に立ち上げたエンジニア向けキャリアハックメディア「RYUKEN OFFICIAL BLOG」は、月間500万円超の売上を記録。

2017年、オンラインサロン「人生逃げ切りサロン」を開設し、3年間で参加者5500人超まで拡大。その後、オンラインサロンの精鋭メンバーを採用し、コンサル事業「ワンダフルワイフ」を立ち上げ、Web制作、IT受託開発を行う。

培ったWebマーケティング、IT技術の知見をもとに、「ビジネスYouTuber」としても活躍。チャンネル登録者数は2020年現在約10万人を誇る。雇われるわけでもなければ雇うわけでもない。組織から自立した個人がいかに効率的に人生を勝ち抜くかについて日々発信している。著書に『「知っているかいないか」で大きな差がつく！ 人生逃げ切り戦略』（KADOKAWA）。

金持《かねも》ちフリーランス　貧乏《びんぼう》サラリーマン

2020年12月2日　初版発行
2023年10月20日　5版発行

著者／やまもとりゅうけん

発行者／山下 直久

発行／株式会社KADOKAWA
〒102-8177　東京都千代田区富士見2-13-3
電話　0570-002-301（ナビダイヤル）

印刷所／大日本印刷株式会社

●お問い合わせ
https://www.kadokawa.co.jp/（「お問い合わせ」へお進みください）
※内容によっては、お答えできない場合があります。
※サポートは日本国内のみとさせていただきます。
※Japanese text only

定価はカバーに表示してあります。

ISBN 978-4-04-605039-7　C0030